Jean Carls Dessin

Hébreux 11: 1

Jean Carls Dessin

Hébreux 11: 1

Or, la foi est une ferme assurance des choses
qu'on espère, une démonstration de celles qu'on
ne voit pas

Éditions Croix du Salut

Imprint

Any brand names and product names mentioned in this book are subject to trademark, brand or patent protection and are trademarks or registered trademarks of their respective holders. The use of brand names, product names, common names, trade names, product descriptions etc. even without a particular marking in this work is in no way to be construed to mean that such names may be regarded as unrestricted in respect of trademark and brand protection legislation and could thus be used by anyone.

Cover image: www.ingimage.com

Publisher:
Éditions Croix du Salut
is a trademark of
Dodo Books Indian Ocean Ltd. and OmniScriptum S.R.L publishing group

120 High Road, East Finchley, London, N2 9ED, United Kingdom
Str. Armeneasca 28/1, office 1, Chisinau MD-2012, Republic of Moldova, Europe
Printed at: see last page
ISBN: 978-620-6-17039-6

Hébreux 11 : 1

Or la foi est une ferme assurance des choses qu'on espère, une démonstration de celles qu'on ne voit pas

Jean Carls DESSIN

Remerciement

Tout d'abord, je tiens à remercier d'une manière très spéciale le Grand Dieu Tout-Suffisant de m'avoir connu, aimé, adopté et sauvé depuis l'éternité. Je lui dois ma vie entière. Je Lui dédie et Lui reconsacre tout mon être (esprit, âme et corps) à travers ce livre. Que son nom soit béni et élevé d'âge en âge. A Lui seul soit la gloire, l'honneur, la puissance et la richesse au siècle des siècles.

En second lieu, je souhaite exprimer ma gratitude envers mes parents biologiques, par l'entremise desquels Dieu m'a accordé la vie et je tiens à manifester ma profonde reconnaissance à leur égard pour les efforts, les peines et les sacrifices consentis qui ont contribué à forger la personne que je suis à ce jour.

Ensuite, je rends grâce à Dieu pour ma précieuse épouse, Wilna Cadet, qui est un soutien inestimable dans ma vie quotidienne. Sans elle, je ne disposerais pas des ressources nécessaires pour achever ce livre. Merci infiniment, ma chère épouse, d'incarner pour moi ce que Eve fut pour Adam. Tu es bien plus qu'une compagne de vie. Ta présence constante et ton soutien inébranlable sont des bénédictions que je ne prends jamais pour acquises. Tu es celle qui me pousse d'aller de l'avant dans toutes mes entreprises. Je t'aime énormément ma chère épouse

En dernier lieu, j'adresse mes remerciements à toutes les personnes qui ont, de quelque manière que ce soit, contribué à mon développement personnel. Les individus bienveillants comme ceux moins favorables m'ont tous aidé à façonner mon caractère et à développer une résilience face aux défis de la vie. Ce livre constitue l'un des nombreux fruits de vos diverses contributions.

Soyez tous pleinement bénis en Jésus-Christ notre Sauveur et Maître.

Jean Carls DESSIN

Préface

Au début, ma relation avec Jean Carls était une relation Professeur-Etudiant. Au fil du temps, on a appris à se connaître par le biais d'une appréciation partagée entre nous. Un homme de cœur, qui aime voir les autres sur le bon chemin, il m'a évangélisé d'une manière très patiente jusqu'à ce que j'aie pris la décision d'accepter Jésus comme Sauveur personnel. Merci mon frère de m'avoir aidé à rencontrer cet ami si fidèle.

Toujours dans le but de voir les autres grandir, ce livre se porte comme un catalyseur en nous amenant à comprendre et à utiliser notre foi d'une manière plus efficace et efficiente. Ce livre même est le résultat d'un travail de foi donc frères et sœurs accrochez-vous, vous trouverez des éléments essentiels au renforcement de votre foi conformément à la Parole de Dieu.

Rijkaard LAMBERT

Pourquoi j'ai écrit ce livre ?

Au moment de ma conversion, il m'aurait semblé absurde de penser que je deviendrais un jour auteur de livres chrétiens. Mon objectif était simplement de devenir un membre de l'église qui sert paisiblement le Seigneur, sans m'impliquer réellement dans un quelconque ministère. Cependant, au fil du temps, je me suis retrouvé confronter à de nombreuses réalités. Ma principale préoccupation était que je ne voyais pas les chrétiens, y compris moi-même, vivre la Parole de Dieu dans la vie quotidienne. Lorsque je lisais ma Bible, je découvrais un Dieu bon, compatissant, puissant, présent et actif, alors que dans la réalité, il semblait très souvent qu'Il n'était pas préoccupé par ses enfants, qu'Il était impuissant et qu'Il semblait toujours absent. Cela m'a incité à Le rechercher de tout mon cœur afin de comprendre les raisons de cette disparité.

Au cours de ma quête spirituelle, j'ai fait l'expérience d'un rêve dans lequel je me suis vu pénétrer dans mon église locale. Malgré l'enseignement des saints qui était dispensé, une obscurité totale régnait, m'empêchant de discerner clairement quoi que ce soit ou qui que ce soit. À mon réveil, il m'est apparu évident que la qualité de l'enseignement au sein de l'Église laissait à désirer de nos jours. Par la suite, j'ai eu un autre rêve, que certains pourraient qualifier de "rêve audible", où une voix récitait cette célèbre phrase : "*Or, la foi est une ferme assurance des choses qu'on espère, une démonstration de celles qu'on ne voit pas.*" À cet instant, j'ai compris que le Seigneur me poussait à approfondir le sujet de la foi. Enfin, dans un dernier rêve, j'ai été amené à expliquer à des amis que je me trouvais en train d'écrire un livre.

Ainsi, je me suis lancé dans cette entreprise par la foi, et cette décision a conduit à la création de ce livre que vous avez sous les yeux. Il a été rédigé de manière claire, simple et précise, dans un français accessible, dans le but de permettre à toute personne, en particulier à la jeunesse haïtienne, d'en tirer profit. Je tiens à préciser que je n'affirme en aucune manière que ce livre sur la foi soit meilleur que les autres ouvrages écrits par les hommes de Dieu, qu'ils soient du passé ou contemporains. Au contraire, je vous encourage, une fois que vous aurez terminé la lecture de ce livre, à explorer d'autres ouvrages sur le sujet de la foi pour approfondir vos connaissances et ainsi mieux connaître notre Seigneur.

Je ne prétends pas non plus que ce livre révèle tous les mystères de la foi. Nous reconnaissons et sommes conscients que la Parole de Dieu est d'une richesse et d'une diversité infinies. Dans ces écrits, je me contente de présenter les compréhensions et les révélations que le Seigneur m'a accordé au cours de mes études et de mes méditations sur la foi. J'ai jugé bon de les partager, en particulier avec la jeunesse haïtienne, car je crois que Dieu m'a confié une mission spéciale à leur égard.

Je vous encourage donc à le lire. J'espère et je crois fermement que chaque lecteur recevra une instruction précieuse et sera béni par la lecture de ce livre.

Attachez vos ceintures, car nous nous apprêtons à décoller. Prenez vos crayons et vos cahiers de notes, libérez vos pensées et invitez le Saint-Esprit à ouvrir votre intelligence pour que vous puissiez pleinement saisir toutes les richesses contenues dans ce livre.

Je vous souhaite une excellente lecture et un enrichissement spirituel.

Table des matières

Remerciement...VII

Préface 1 VIII

Pourquoi j'ai écrit ce livre ? X

La foi, un portail vers la dimension spirituelle...........................15

La foi vient de la Parole de Dieu 29

La plupart des promesses de Dieu sont conditionnelles. 43

La foi se démontre par un acte volontaire et réfléchi. 63

Les facteurs paralysant la foi. 77

Conclusion.. 91

Chapitre 1

La foi, un portail vers la dimension spirituelle

Hébreux 11 : 1 Or la foi est une ferme assurance des choses qu'on espère ; une démonstration de celles qu'on ne voit pas.

La foi, un portail vers la dimension spirituelle

Avant tout, pour appréhender correctement la nature d'une chose, il est essentiel de discerner ce qu'elle n'est pas. Actuellement, de nombreux chrétiens confondent la foi biblique avec la pensée positive, croyant que tout ce sur quoi ils concentrent leurs pensées, déclarent ou prononcent finira inévitablement par se concrétiser dans leur vie. D'autres courants similaires à la pensée positive leur proposent des voies alternatives pour voir se manifester dans leur vie tout ce qu'ils désirent. Cependant, il est impératif de rappeler qu'un chrétien, particulièrement un disciple de Jésus, ne dispose que d'un guide unique pour tous les aspects de sa vie, qu'ils soient d'ordre spirituel, psychologique ou physique. Tout enseignement, courant ou pratique qui ne repose pas sur la Parole de Dieu devrait être rejeté sans aucune hésitation. Seule la Parole de Dieu est source de vie, tandis que toutes les autres alternatives ne peuvent mener qu'à la mort.

Ainsi, la foi biblique ne se résume ni n'est pas :
- Croire de tout son cœur.
- Croire en une force invisible qui nous accordera nos désirs.
- Croire en vue d'obtenir des choses que l'on souhaite.
- Croire en une idée et la voir concrétiser dans notre vie.
- Déclarer ou prononcer des affirmations sur notre vie et les voir se matérialiser.

Voyons ensemble ce que dit la Parole de Dieu sur la foi dans la lettre aux Hébreux, le chapitre 11 et le verset 1.

Hébreux 11 : 1 Or la foi est une ferme assurance des choses qu'on espère ; une démonstration de celles qu'on ne voit pas.

Hébreux 11 : 1 « Or la foi est une ferme assurance des choses qu'on espère, une démonstration de celles qu'on ne voit pas. »

Explorons à présent ce passage, en mettant l'accent sur la seconde partie du verset : "*une démonstration de celles qu'on ne voit pas*". Un défi majeur auquel la plupart des chrétiens contemporains sont confrontés par rapport à ce verset (Hébreux 11 : 1) réside dans leur tendance à ne considérer que la première partie. Ils se concentrent uniquement sur l'assurance des choses espérées, car cela fait généralement jubiler leur chair (par "chair", nous faisons référence à l'âme). Rarement se posent-ils la question de la nature précise des choses espérées. Ainsi, ils espèrent simplement, sans réel discernement quant à ce en quoi consiste cette espérance. Ils se contentent de savoir qu'il y a de l'espoir, sans oser aller plus loin pour comprendre quelles sont exactement les choses qu'ils peuvent espérer et, ultimement, comment transformer ces espérances en possessions tangibles.

Poursuivons notre exploration de la deuxième partie du verset, car c'est elle qui confère toute sa substance à la première partie et constitue le sujet central de notre étude pour ce chapitre. La première partie sera abordée dans le chapitre suivant. Afin de mieux appréhender notre texte, axé sur "*une démonstration de celles qu'on ne voit pas*", engageons-nous dans un exercice ensemble :

-   Ayons à l'esprit que le terme "celles" dans ce contexte est utilisé en lieu et place de "choses". Ainsi, je reformule le verset dans son ensemble : "*Or la foi est une ferme*

Hébreux 11 : 1 Or la foi est une ferme assurance des choses qu'on espère ; une démonstration de celles qu'on ne voit pas.

*assurance des choses qu'on espère, une démonstration **des** choses qu'on ne voit pas*."

- Ensuite, convenons que des **choses qu'on ne voit pas** sont des **choses invisibles**. Et une chose invisible est une chose qui échappe à notre perception visuelle.
- Une chose invisible n'est pas inexistante ; elle a une existence réelle, mais non perceptible à l'œil naturel.
- Cette chose invisible, qui existe, est une réalité concrète bien que non visible (comme le vent). Appelons-la "**réalité invisible**".

Ré-énonçons ensemble la deuxième partie de Hébreux 11 : 1 : "C'est une démonstration des choses invisibles, ou encore, c'est une démonstration des réalités invisibles." Ces formulations sont plus précises et adaptées pour nous aider à bien appréhender la nature de la foi.

Quelles sont ces choses qu'on ne voit pas ? Où se trouvent ces choses invisibles ? La Bible, parle-t-elle effectivement de certaines réalités qui ne sont pas perçues par nos sens naturels ? La réponse se trouve dans le verset 3 du même chapitre. Voyons-la ensemble.

> **Hébreux 11 : 3** « Par la foi, nous comprenons que l'univers a été harmonieusement organisé par la Parole de Dieu et qu'ainsi le monde visible tire son origine de l'invisible. »

Ce verset nous enseigne que notre monde n'est pas autonome et ne fonctionne pas de manière indépendante. Il révèle que notre réalité est gouvernée ou trouve son origine dans une autre dimension, invisible à nos yeux. En d'autres termes, chaque élément visible dans

Hébreux 11 : 1 Or la foi est une ferme assurance des choses qu'on espère ; une démonstration de celles qu'on ne voit pas.

notre monde physique a une correspondance dans un autre royaume qui reste imperceptible à l'œil nu. La question qui se pose alors est : qu'est-ce que ce monde invisible à la vue naturelle ?

La Bible relate dans **Genèse 1 : 1** que Dieu créa deux grands compartiments qui sont les cieux et la terre. La terre étant le monde naturel ou physique dans lequel les être revêtus de corps matériels peuvent habiter et les cieux étant la demeure de Dieu et de ses anges. La terre est constituée de réalités pouvant être perçues par les 5 sens humains y compris la vue. En revanche, les cieux, quant à eux, sont formés d'éléments invisibles à l'œil humain et ne peuvent être habités que par des esprits, Dieu étant esprit. C'est pourquoi la Parole de Dieu déclare que la chair et le sang ne peuvent hériter le Royaume de Dieu (**1 Corinthiens 15 : 50),** car seuls les esprits sont autorisés à entrer dans le ciel. Ainsi, les serviteurs de Dieu sont toujours transportés en esprit lorsqu'ils font l'expérience du ciel (**Apocalypse 1 : 10**).

Bref Dieu créa deux compartiments :

- La terre où habitent les humains. C'est la réalité naturelle ou physique ou encore visible.
- Le ciel, où habite Dieu qui est esprit. C'est la réalité spirituelle ou céleste ou encore invisible.

Examinons ensemble le processus créatif de Dieu. Il commence par créer les cieux, puis il forme la terre. Il est précisé dans **Genèse 1 : 1** que Dieu a créé les cieux et la terre, et non pas la terre et les cieux. Lors de la création de l'univers physique, le livre de **Job (38 : 8)** indique que les anges poussaient des cris de joie, suggérant ainsi

Hébreux 11 : 1 Or la foi est une ferme assurance des choses qu'on espère ; une démonstration de celles qu'on ne voit pas.

que le spirituel a précédé la création du monde matériel. En somme, comme le souligne **Hébreux 11 : 3**, la terre trouve son origine dans les cieux ou dans des réalités spirituelles. Dieu crée d'abord les cieux, puis la terre qui en dépend. Autrement dit, la terre ne peut EN AUCUN CAS générer/tirer/posséder quelque chose en dehors des réalités célestes ou en dehors de ce que le ciel lui accorde ou permet, car c'est sa seule et unique source.

> **Jean 3 : 27** Un homme ne peut recevoir que ce qui lui a été donné du ciel.

Explorons maintenant si la Bible nous encourage explicitement à manifester les réalités célestes sur la terre. Dans la célèbre prière du Notre Père (**Matthieu 6 : 9-13**), Jésus nous exhorte à prier pour que la volonté de Dieu soit accomplie sur la terre comme elle l'est au ciel. Lisons ce passage ensemble.

> **Matthieu 6 :9-13** « Notre Père qui est aux cieux ! Que ton nom soit sanctifié ; que ton règne vienne ; que ta volonté soit faite sur la terre comme au ciel. Donne-nous aujourd'hui notre pain quotidien ; pardonne-nous nos offenses, comme nous aussi nous pardonnons à ceux qui nous ont offensés ; ne nous induis pas en tentation, mais délivre-nous du mal. »

Selon le passage et vraisemblablement, il existe certaines réalités au ciel qui ne sont pas pleinement manifestes sur la terre. Et Dieu nous enjoint clairement d'agir pour que sa volonté soit pleinement exprimée sur la terre. Dieu ne nous a jamais créés pour vivre de

---

Hébreux 11 : 1 Or la foi est une ferme assurance des choses qu'on espère ; une démonstration de celles qu'on ne voit pas.

manière indépendante de Lui. Depuis toujours, Dieu a désiré que la terre reflète fidèlement les réalités célestes. Je crois fermement que c'est la raison pour laquelle Dieu a explicitement dicté à son fidèle serviteur Moïse le plan détaillé du tabernacle à construire. Car Dieu cherchait une réplique précise ou une représentation exacte du tabernacle céleste sur la terre. Même les sacrifices offerts à Dieu dans l'Ancien Testament était une image ou un reflet du sacrifice éternel que Jésus allait accomplir sur la terre. Il était impératif que l'agneau soit sans tache et sans défaut, à l'image de l'Agneau céleste.

Tous ces passages montrent que Dieu a toujours voulu qu'Il soit au ciel et que l'image de ce qui est au ciel se reflète sur la terre. Raison de plus qu'Il a créé l'homme à son image et à sa ressemblance.

> **Genèse 1 : 26** « Puis Dieu dit : Faisons l'homme à notre image, selon notre ressemblance, et qu'il domine sur les poissons de la mer, sur les oiseaux du ciel, sur le bétail, sur toute la terre, et sur tous les reptiles qui rampent sur la terre. »

Sur la terre, Dieu a inscrit son reflet, car la terre est le miroir des cieux. À la suite de la chute de l'homme, nous avons perdu l'image divine. Cependant, Dieu est venu nous racheter. Par son acte de rédemption, Il nous a offert l'opportunité de retrouver l'image de sa gloire. C'est pourquoi, Il nous a donné son Esprit-Saint, afin que nous soyons transformés de gloire en gloire et que nous devenions de plus en plus semblables à Christ. Son dessein ne connaîtra pas d'échec, et Il œuvrera pour que l'image céleste soit restaurée sur terre.

Hébreux 11 : 1 Or la foi est une ferme assurance des choses qu'on espère ; une démonstration de celles qu'on ne voit pas.

> **2 Corinthiens 3 : 18** « Nous tous qui, le visage découvert,
> contemplons comme dans un miroir la gloire du Seigneur,
> nous sommes transformés en la même image, de gloire en
> gloire, comme par le Seigneur, l'Esprit. »

Un point crucial à prendre en considération avant de conclure ce chapitre est que Dieu est esprit. Un esprit agit généralement dans le monde des esprits ou le monde spirituel. Étant donné que la terre est influencée par la réalité du monde spirituel, toute action ou modification dans ce monde spirituel entraînera inévitablement un changement correspondant sur la terre, tôt ou tard, quelle que soit la durée que cela prendra. Lorsque nous prions, Dieu nous répond dans le domaine des esprits, et il nous incombe de créer un passage pour faire descendre la réponse du spirituel vers le naturel ou le physique. Par conséquent, nous devons recevoir la réponse par la foi, et cette manifestation se produira dans le monde physique si nous maintenons ouvert le passage par la foi, peu importe le temps que cela prendra. C'est pourquoi la bible déclare dans Ephésiens 2 : 3 :

> « Béni soit Dieu, le Père de notre Seigneur Jésus-Christ,
> qui nous a bénis de toutes sortes de bénédictions
> spirituelles dans les lieux célestes en Christ ! »

Examinons attentivement la conjugaison temporelle du verset ci-dessus. Il est au passé composé, ce qui signifie qu'il est entièrement accompli. Il ne s'agit pas simplement d'une promesse par laquelle Dieu nous bénirait, mais bien d'un fait accompli. Observons ensemble où cela est réalisé : dans les lieux célestes, autrement dit,

Hébreux 11 : 1 Or la foi est une ferme assurance des choses qu'on espère ; une démonstration de celles qu'on ne voit pas.

le monde spirituel. Ainsi, il s'agit d'une réalité spirituelle. Cela signifie que nous avons accès à la guérison, à la santé, à la joie, à la paix, à la prospérité sous tous ses aspects, etc. Notre rôle consiste à croire en cette réalité et à la manifester dans ce monde-ci.

Ce qui s'est produit avec Adam et Ève illustre bien ce principe lorsqu'ils ont désobéi à la loi de Dieu. Examinons ensemble ce que Dieu leur avait dit.

> **Genèse 2 : 17** « Mais tu ne mangeras pas de l'arbre de la connaissance du bien et du mal, car le jour où tu en mangeras, tu mourras. »

Nous constatons qu'Adam a vécu plus de 900 ans par la suite. Cependant, la mort les a finalement atteints dans le monde physique, même s'ils étaient déjà morts dans le monde spirituel depuis plus de 900 ans terrestres. Cela indique que la manifestation de ce qui se produit dans le domaine des esprits peut prendre un certain temps avant de se manifester dans le monde physique. Souvent, Dieu nous avertit à travers des rêves de ce qui se passe dans le monde spirituel afin de nous prévenir. Par exemple, nous pourrions rêver d'un vol, et quelques jours plus tard, nous subissons effectivement une perte financière importante, ou une maladie ou un accident nous force à dépenser une somme considérable. C'est Dieu nous alertant que dans le monde spirituel, nous avons été volés. Si nous ne faisons rien pour rectifier cette situation par la prière ou la proclamation de la Parole de Dieu, cela se produira inévitablement dans le monde physique, car notre monde tire son origine du monde spirituel, indépendamment du décalage temporel. L'analogie du miroir met en

Hébreux 11 : 1 Or la foi est une ferme assurance des choses qu'on espère ; une démonstration de celles qu'on ne voit pas.

lumière le principe exploré dans ce livre. Dans cette métaphore, le miroir représente la terre et le ciel symbolise la réalité. Une erreur commune consiste à considérer notre propre existence comme la réalité, tandis que le ciel est perçu comme quelque chose d'abstrait. En réalité, c'est le ciel qui nous insuffle la vie. Lorsque nous nous changeons devant un miroir, il ne peut plus refléter l'ancien vêtement ; il doit plutôt refléter la réalité présente devant lui.

Quelques questions pour conclure ce chapitre : Comment pouvons-nous persévérer dans la foi lorsque ce que nous espérons nous ne savons s'il ne provient ni d'Ève ni d'Adam ? Pourquoi tant de chrétiens perdent-ils la foi en attendant une réponse à leurs prières ? Pourquoi les croyants sont-ils souvent enthousiastes au début à l'idée de recevoir une réponse de Dieu, mais perdent courage en cours de route lorsque cela prend du temps ? Cela s'explique simplement par le fait qu'ils ne comprennent pas le principe de la foi. Si quelqu'un comprend clairement que ce qu'il demande est une réalité spirituelle, que cette chose lui appartient, que cela est pleinement accompli dans le monde spirituel, et qu'il doit maintenir le passage ouvert par la foi, il est plus susceptible de rester concentré sur sa réponse, et cela fonctionnera.

Le point le plus crucial de la foi biblique est que, avant toute chose, elle nous appelle à rechercher le Dieu qui habite les cieux, le Maître de toutes choses. Comment pouvons-nous espérer bénéficier des biens et des bienfaits d'une Personne si nous n'avons aucune relation avec Lui ? Avant même de croire en des réalités spirituelles, il est essentiel de croire en l'Être suprême spirituel, la source de toutes choses. C'est là l'apogée de la foi.

Hébreux 11 : 1 Or la foi est une ferme assurance des choses qu'on espère ; une démonstration de celles qu'on ne voit pas.

Hébreux 11 : 6 « Or sans la foi il est impossible de lui être agréable ; car il faut que celui qui s'approche de Dieu croie que Dieu existe, et qu'il est le rémunérateur de ceux qui le cherchent. »

Retenons !

La foi biblique nous enseigne à :

- Croire avant tout en une Personne qui habite les cieux et qui est Dieu, et non pas en une force impersonnelle exécutant nos commandes et nos souhaits. La foi nous exhorte à croire en l'existence de Dieu et à développer une relation saine, durable et intime avec Lui.

- Comprendre qu'un monde spirituel invisible existe et qu'il n'est pas perceptible par les cinq sens humains, bien que parfois Dieu puisse se manifester de manière physique dans ce monde. Ce monde invisible est une réalité, exerce une influence considérable et peut même s'imposer à notre monde physique, car ce dernier tire son origine du monde spirituel. Cela signifie que le monde physique est le reflet de ce qui se passe dans le monde spirituel. Si quelque chose a été modifiée dans le monde spirituel, tôt ou tard, le monde physique s'y conformera.

- Croire que nous avons la capacité d'interagir avec le monde spirituel par le biais de la foi chrétienne. Cette foi agit comme un pont ou un portail permettant le transfert des réalités

Hébreux 11 : 1 Or la foi est une ferme assurance des choses qu'on espère ; une démonstration de celles qu'on ne voit pas.

spirituelles dans le monde physique, en respectant bien sûr des conditions (sujet débattu dans le chapitre 3 de ce livre). Elle nous enseigne également que nous pouvons rectifier des situations dans le monde spirituel par la Parole de Dieu, de sorte que le monde physique s'y conforme ultérieurement.

- Comprendre que nous ne pouvons manifester dans le monde physique que ce qui existe déjà dans le monde spirituel. Ce que nous pouvons recevoir est ce qui nous a déjà été donné, comme la guérison physique. Ainsi, si Dieu n'a pas déjà pourvu à quelque chose dans le monde spirituel, il est absolument impossible de la faire apparaître dans le monde physique. Toute idée ou concept suggérant que nous pouvons contourner ce principe peut être associé à l'occultisme. On ne peut pas extraire du sel d'un baril de sucre.

- Persévérer dans la foi en ayant la certitude que notre espérance repose sur des réalités véritablement existantes, bien qu'invisibles à l'œil nu. Nous ne plaçons pas notre confiance dans des choses qui n'existent pas ou des théories, mais dans des réalités tangibles du monde spirituel.

- Le visible a toujours été le produit de l'invisible.

Hébreux 11 : 1 Or la foi est une ferme assurance des choses qu'on espère ; une démonstration de celles qu'on ne voit pas.

Maintenant, en tant que chrétiens, nous savons que notre source est le spirituel. Si nous devons y puiser tout ce dont nous avons besoin, comment pouvons-nous identifier ce qui s'y trouve ? Est-ce que tout ce qui est présent dans le monde spirituel nous appartient ? Comment pouvons-nous déterminer ce qui est réellement destiné aux chrétiens ?

NB : Lors de la lecture de certains ouvrages chrétiens, on retrouve souvent l'idée que la foi peut donner existence à quelque chose. Il est crucial de comprendre que toutes choses ont déjà été créées, et c'est Dieu qui en est le Créateur, que ce soit dans le monde physique ou dans l'invisible. C'est une tâche accomplie dans son entièreté. Personne n'a le droit ou le pouvoir de créer quelque chose de nouveau. L'auteur veut simplement signifier le transfert d'une chose d'une réalité à une autre : de la réalité spirituelle à la réalité physique, de la réalité céleste à la réalité terrestre, ou encore de la réalité invisible à la réalité visible, de la réalité éternelle à la réalité temporelle.

Hébreux 11 : 1 Or la foi est une ferme assurance des choses qu'on espère ; une démonstration de celles qu'on ne voit pas.

28

Hébreux 11 : 1 Or la foi est une ferme assurance des choses qu'on espère ; une démonstration de celles qu'on ne voit pas.

Chapitre 2

La foi vient de la Parole de Dieu.

Romains 10 : 17 La foi vient de ce qu'on entend et ce qu'on entend vient de la Parole de Dieu.

La foi vient de la Parole de Dieu

Dans le chapitre précédent, nous avons exploré ensemble la notion selon laquelle la foi est un portail nous reliant au monde spirituel. Elle nous permet principalement de faire migrer les éléments qui nous appartiennent dans le monde spirituel vers le monde physique que nous habitons. Il est maintenant essentiel de déterminer ce qui nous appartient, ou du moins, comment identifier précisément ce qui nous appartient là-bas. N'oublions pas que dans le chapitre antérieur, nous avons établi que la terre ne peut pas tirer quelque chose qui n'existe pas dans le monde spirituel, car elle tire son origine et tout ce qu'elle possède de ce monde spirituel.

Pour mieux appréhender comment identifier ce qui nous appartient dans le monde spirituel, explorons ensemble cet exemple. *Supposons que je reçoive la visite d'un ami extrêmement riche. Il vient chez moi, et nous nous installons pour discuter. Cet ami m'apprécie énormément, et nous avons une relation très étroite. J'ai commencé à lui parler de ma vie et de mes difficultés financières, simplement pour l'informer, étant donné notre proximité. En entendant mon récit, il a été profondément touché et m'a promis qu'il me ferait don de 1'000 dollars américains. Il est important de souligner que mon ami est intègre et un homme de parole. Ce qu'il promet, il le réalisera même si cela lui coûtera une fortune. Arrêtons-nous là pour le moment.*

Dès que mon ami m'a promis les 1'000 dollars américains, j'ai tout de suite de l'espoir. Etant donné l'intégrité de mon ami, j'ai la ferme assurance que dans peu de temps je vais avoir 1'000 dollars américains qui pourraient bien évidemment répondre à une partie de mes besoins. Dans ma conscience, ces 1'000 dollars américains m'appartiennent déjà. Est-ce que cela ne devrait pas attirer notre attention sur une chose ? Retournons maintenant au premier verset étudié dans le chapitre précédent pour l'examiner.

Hébreux 11 : 1 « *Or la foi est une ferme assurance des choses qu'on espère,* une démonstration de celles qu'on ne voit pas »

Nous comprenons, à partir de cette partie du verset, que la foi nous donne l'assurance d'une chose qu'on espère. Et cette chose nous l'espérons généralement à travers une promesse. Donc nous avons l'assurance que nous recevrons conformément à une promesse qui nous a été faite. C'est exactement ce qui est arrivé dans mon cas. Dès que j'ai entendu l'engagement de mon ami de me donner 1'000 dollars américains, et compte tenu de sa réputation d'honnêteté, j'ai automatiquement acquis une assurance ferme que je recevrais ce qu'il a promis, même si je n'ai pas encore vu les 1'000 dollars américains (le côté invisible de la promesse, les choses qu'on ne voit pas). *Pour conclure ce premier aspect, nous comprenons que la foi découle toujours d'une parole, et plus spécifiquement, d'une promesse.*

Maintenant, explorons un second aspect de la foi. Comment ai-je obtenu cette promesse ? Evidemment, je l'ai ENTENDUE de la propre voix de mon ami. Analysons ensemble un autre verset.

Romains 10 : 17 Ainsi, la foi vient de ce QU'ON ENTEND et ce qu'on entend vient de la Parole de Dieu.

Contextualisons le verset dans notre exemple pour une meilleure compréhension. *Ainsi, ma foi pour recevoir les 1'000 dollars américains provient de ce que j'ai entendu, et ce que j'ai entendu découle du discours ou de la Parole de mon ami.* De la même manière, lorsque j'entends une promesse venant du discours ou de la Parole de Dieu, je devrais automatiquement avoir la foi pour la recevoir. Je ne peux avoir l'assurance de recevoir quelque chose que si cela m'a été promis et que je suis au courant de la promesse.

Ainsi nous devons savoir ce que Dieu nous a promis et ce qu'Il ne nous a pas promis. Dieu s'engage à accomplir sa Parole ou sa promesse envers nous et non ce que nous nous aimerions qu'Il fasse pour nous. Au début de l'illustration, nous avons convenu que mon ami était très riche, possédant plusieurs millions de dollars américains et des entreprises avec des employés. Bien que mon ami soit extrêmement riche, pourrais-je avoir l'assurance ferme (sans faille) qu'il m'emploierait dans l'une de ses entreprises ? Pourrais-je espérer recevoir de lui 2'000 dollars américains ? Non, cela aurait été de la tromperie, car nous avions établi au début que mon ami est un homme de parole, accomplissant ce qu'il a promis. Puisqu'il m'a promis 1'000 dollars américains, je ne peux espérer recevoir que cette somme. De la même manière, nous ne devons pas espérer

Romains 10 : 17 La foi vient de ce qu'on entend et ce qu'on entend vient de la Parole de Dieu.

recevoir de Dieu ce qu'Il ne nous a pas promis. Nous ne devons pas aller au-delà de ses promesses. Par exemple, Dieu, dans sa Parole, ne nous a jamais promis son approbation pour un acte d'adultère. Ainsi, prier Dieu pour avoir l'époux ou l'épouse d'une personne déjà mariée n'aura aucun effet. Dieu n'écoutera pas cette prière car elle est en contradiction avec sa Parole.

Voyons ensemble une dernière considération avant de conclure cet aspect. Certes, le verset dit que la foi vient de ce qu'on entend. Nous devrions nous poser la question : la foi vient-elle uniquement de ce qu'on entend ? Pourrait-elle émerger d'une autre source, telle que la lecture de la Parole de Dieu ? Je vous réponds immédiatement que la foi ne vient pas uniquement de ce qu'on entend. J'ai deux arguments à vous présenter pour vous convaincre, veuillez ne pas me lapider tout de suite et poursuivre votre lecture.

Avant d'aborder directement la première illustration, il est important de savoir comment lire la Bible. Je vais profiter de ce paragraphe pour vous donner quelques conseils qui pourraient réellement vous aider à mieux lire votre Bible et à en tirer le meilleur parti de vos lectures (bien que ce ne soit pas le sujet principal de ce livre). Très souvent dans le monde chrétien, toutes sortes de doctrines émergent d'une mauvaise lecture, compréhension et interprétation de la Parole de Dieu. Mais ce qui fait défaut en premier lieu est bien sûr la lecture.

Conseil 1 : Il ne faut jamais lire un seul verset et construire une doctrine dessus. Son interprétation sans le contexte peut facilement prêter à confusion. Prenez l'exemple de **Romains 10 : 17**, qui pourrait être interprété comme signifiant que la foi ne peut venir que

Romains 10 : 17 La foi vient de ce qu'on entend et ce qu'on entend vient de la Parole de Dieu.

de ce que l'on entend. Cependant, si vous lisez le chapitre en entier, vous comprendrez qu'il ne s'agit pas du tout de cela. Parfois, il est nécessaire de lire le ou les chapitres précédents ainsi que les suivants pour bien contextualiser le verset en question. N'est-il pas vrai que la Parole de Dieu nous enseigne à toujours avoir au moins deux témoins pour confirmer une chose ?

2 Corinthiens 13 : 1 Je vais chez vous pour la troisième fois. Toute affaire se réglera sur la déclaration de deux ou de trois témoins.

Conseil 2 : Il est essentiel de comparer le verset que l'on souhaite comprendre avec d'autres de même nature dans la Bible. Parfois, un verset explique un autre, tandis que d'autres fois, un verset complète un autre. Par exemple, **Matthieu 21 : 22** nous dit que tout ce que nous demandons avec foi dans la prière, nous le recevrons. Cependant, dans nos vies chrétiennes respectives, nous constatons que cela ne se produit pas toujours ainsi. Pourquoi ? La Parole de Dieu n'a pas menti. Ce verset doit être complété par **1 Jean 5 : 14**, qui nous fait comprendre que ce que nous demandons doit être conforme à la volonté du Père. Ainsi, nous devons demander avec foi et en accord avec la volonté de notre Père. D'autres versets nous enseignent également que parfois, nous devons persévérer dans la prière pour voir la manifestation de ce que nous avons demandé.

Conseil 3 : Il est toujours sage de lire le passage biblique plusieurs fois, en demandant au Saint-Esprit de vous éclairer. La Bible n'est pas un livre ordinaire, et sa lecture doit être accompagnée de la puissance du Saint-Esprit qui révèle les choses cachées. Parfois, lire

Romains 10 : 17 La foi vient de ce qu'on entend et ce qu'on entend vient de la Parole de Dieu.

le passage dans différentes traductions peut aider à une meilleure compréhension. Vous pouvez même essayer de lire dans une autre langue. Personnellement, je n'avais pas pleinement compris le passage de **Jacques 2 : 26** jusqu'à ce que je le lise en anglais (*Comme le corps sans âme est mort, de même la foi sans les œuvres est morte - For as the body without the spirit is dead, so faith without works is dead also*). Je vous encourage à l'étudier et à le méditer, car je suis convaincu que cela pourrait débloquer certaines de vos situations.

<u>Conseil 4 :</u> Il est essentiel de ne pas aborder la lecture de la Bible en essayant de confirmer ce que l'on vous a déjà enseigné. Il est préférable de lire la Bible avec un esprit ouvert, permettant au Saint-Esprit de vous guider. Si le Saint-Esprit révèle quelque chose qui semble aller à l'encontre de vos enseignements antérieurs, soyez ouvert à cette révélation. Approfondissez la question, demandez au Saint-Esprit de confirmer et de trouver d'autres passages qui soient en accord avec cette nouvelle compréhension.

<u>Conseil 5 :</u> Lisez simplement votre Bible. Lisez-la simplement. C'est le plus sage des conseils.

Illustration 1 : Voici la première explication qui devrait démontrer que la foi ne découle pas uniquement de ce que l'on entend. Dans le chapitre 10 de l'épître aux Romains, Paul soutient encore que la justification se fait par la foi dans le sacrifice de Jésus, plutôt que par la mise en pratique des œuvres de la Loi de Moïse (même si cela est impossible). Paul prie également pour ses compatriotes, les Juifs qui persistent dans la pratique de la Loi de Moïse pour atteindre la justice divine. Il souligne la nécessité de prédicateurs pour annoncer cette bonne nouvelle, permettant ainsi aux gens de l'entendre. Lorsqu'ils entendent cette bonne nouvelle, ils peuvent développer la foi pour être sauvés. Dans le contexte de Paul, cela signifiait que les gens devaient être informés de la bonne nouvelle, et ainsi, leur foi naîtrait pour le salut. À l'époque, il n'y avait pas de Bible complète, de réseaux sociaux ni de magasins où l'on vendait des Bibles. Il était donc impératif que des prédicateurs proclament l'Évangile pour que les gens l'entendent et soient sauvés. Cependant, même si une personne avait lu une lettre de Paul et l'avait comprise, elle aurait pu avoir la foi pour être sauvée. Il suffisait que la personne comprenne le message, y croie et confesse qu'elle appartient à Christ.

Illustration 2 : Vous souvenez-vous de mon ami qui est venu me rendre visite ? Était-il nécessaire qu'il vienne en personne pour me donner l'espoir de recevoir les 1'000 dollars américains ? Pensez-vous que cela aurait fait une différence s'il m'avait informé par lettre ou appel téléphonique ou encore SMS qu'il avait l'intention de m'envoyer cette somme ? Et si, au lieu de cela, il avait choisi de m'envoyer un message audio ou une vidéo ? Ou encore, s'il avait fait passer le message par l'intermédiaire de quelqu'un d'autre ? Croyez-vous que ma foi en sa promesse aurait été affectée par le moyen de communication utilisé ? Est-ce que j'aurais prétendu que le message texte, audio ou la lettre n'ont pas la même valeur que sa parole en personne ? Bien sûr que non. Peu importe la manière dont la promesse m'a été transmise, l'essentiel est que la promesse ait été faite et que j'en aie été informée. Sinon, je n'aurais pas la foi si je lisais ma Bible puisqu'il faudrait absolument que j'entende quelque chose.

En conclusion, nous constatons que la foi :

- Doit trouver son origine dans une promesse en premier lieu ;
- Et que nous pouvons prendre connaissance de cette promesse à travers divers moyens possibles.

Transposons cette réalité dans le domaine chrétien :

Ainsi la foi vient :

- Des promesses de Dieu ;
- Et ces promesses, nous en prenons connaissance dans la Parole de Dieu qui est la Bible (écoute, lecture, étude, méditation, pratique, etc.).

Nous répondons ainsi à la question qui nous a amenés à développer ce chapitre. Vous vous en souvenez ? Voici la fameuse question : Comment savoir ce qui appartient aux chrétiens dans le monde spirituel afin de pouvoir exercer la foi et les faire manifester dans le monde physique ? Et bien, la seule façon de connaître ce qui nous a été promis ou donné par le Père dans le monde spirituel est d'aller dans la Parole de Dieu, et la Parole de Dieu seule, pour en prendre connaissance.

Les érudits bibliques et les théologiens soutiennent qu'il existe plus de 7'000 promesses de Dieu dans la Bible, toutes destinées à tous les chrétiens. C'est à chacun de nous de les découvrir et de les réclamer par la foi pour les voir se manifester dans nos vies. Plutôt

Romains 10 : 17 La foi vient de ce qu'on entend et ce qu'on entend vient de la Parole de Dieu.

que de considérer certaines de ces 7'000 promesses comme meilleures que d'autres, leur valeur dépend souvent de la situation particulière dans laquelle se trouve une personne. Cette logique s'applique également aux dons spirituels, où le meilleur don est celui qui répond aux besoins du moment.

Imaginons une personne qui a déjà cinq enfants et se trouve dans une situation financière précaire. Dans ce cas, la promesse d'enfantement pourrait sembler moins pertinente que celle affirmant que Christ s'est fait pauvre pour que nous soyons enrichis, ou encore la bien connue promesse du *Psaume 23* qui déclare que l'Éternel est notre Berger et que nous ne manquerons de rien. Face à une montagne dans notre vie, il est crucial de ne pas prier comme quelqu'un ignorant la Parole, mais plutôt d'identifier notre situation, de rechercher dans la Bible la promesse qui s'y rapporte, et de la réclamer avec foi. En faisant confiance à cette promesse, nous honorons Dieu, qui à son tour, honorera Sa Parole envers nous.

Prier sans connaissance de la Parole de Dieu revient à mettre un pansement sur la tête en cas de migraine. Le pansement est utile, mais il ne traite pas la maladie. Ou bien, imaginez que vous soyez blessé et que vous achetiez un comprimé contre la douleur que vous placez dessus alors qu'il vous faut un pansement. De même, prier sans connaissance de la Parole de Dieu est comme appliquer un remède qui, bien qu'efficace, n'est tout simplement pas adapté à la situation. Je vous encourage donc à découvrir sept merveilleuses promesses de Dieu dans Sa Parole (et à explorer d'autres par vous-même).

Romains 10 : 17 La foi vient de ce qu'on entend et ce qu'on entend vient de la Parole de Dieu.

- **Esaïe 43 : 2** Si tu traverses les eaux, je serai avec toi ; et les fleuves, ils ne te submergeront point ; si tu marches dans le feu, tu ne te brûleras pas, Et la flamme ne t'embrasera pas.

- **Romains 8 :** 28 Nous savons, du reste, que toutes choses concourent au bien de ceux qui aiment Dieu, de ceux qui sont appelés selon son dessein.

- **Jean 15 :** 10 Si vous gardez mes commandements, vous demeurerez dans mon amour, de même que j'ai gardé les commandements de mon Père, et que je demeure dans son amour.

- **Exode 15 : 26** Il dit : Si tu écoutes attentivement la voix de l'Eternel, ton Dieu, si tu fais ce qui est droit à ses yeux, si tu prêtes l'oreille à ses commandements, et si tu observes toutes ses lois, je ne te frapperai d'aucune des maladies dont j'ai frappé les Egyptiens ; car je suis l'Eternel, qui te guérit.

- **Psaumes 37 : 4** Fais de l'Eternel tes délices, Et il te donnera ce que ton cœur désire.

- **Romains 10 : 9** Si tu confesses de ta bouche le Seigneur Jésus, et si tu crois dans ton cœur que Dieu l'a ressuscité des morts, tu seras sauvé.

- **Philippiens 4 : 19** Et mon Dieu pourvoira à tous vos besoins selon sa richesse, avec gloire, en Jésus-Christ.

Romains 10 : 17 La foi vient de ce qu'on entend et ce qu'on entend vient de la Parole de Dieu.

Retenons !

- Nous avons la foi pour recevoir une chose parce que nous avons pris connaissance qu'une promesse en relation avec cette chose nous a été faits.

- Nous persévérons dans la foi parce que nous savons que la Personne ayant fait cette promesse est fidèle, juste, intègre et véridique.

- Notre foi provient non seulement de ce que nous entendons de la Parole de Dieu mais aussi de ce que nous lisons, étudions, méditons, expérimentons, etc.

- Tout comme la terre ne peut en aucun cas tirer une chose qui ne lui a pas été donnée du monde spirituel ainsi un chrétien ne peut obtenir du domaine spirituel une chose qui ne lui a pas été donné ou promis dans la Parole de Dieu.

- Dans le monde spirituel, les promesses de Dieu sont en effet des faits accomplis. C'est à nous d'utiliser notre foi pour les faire manifester dans le monde physique.

- Nous persévérons dans la foi parce que nous comprenons que les promesses sont des faits accomplis, ce qui nous permet de rester fermes peu importe ce que nous observons dans la réalité physique. Nous croyons en une réalité qui est

Romains 10 : 17 La foi vient de ce qu'on entend et ce qu'on entend vient de la Parole de Dieu.

la source de notre existence terrestre, et non en quelque chose d'absurde.

- Pour chaque besoin spécifique nous avons besoin de réclamer la promesse correspondante. La réclamation d'une promesse sur le manque d'argent ne pourra en aucune manière régler le problème de la maladie.

- Plus de 7'000 promesses sont à notre disposition et sont toutes inscrites dans la Parole de Dieu.

Dans la Bible, nous constatons que les promesses de Dieu sont formulées au passé composé, un temps de conjugaison qui indique une action totalement accomplie dans le passé. Cela signifie que toutes les promesses nous appartiennent déjà dans le monde spirituel, et il ne reste qu'à les manifester dans le monde physique par la foi. Cependant, malgré cette assurance, de nombreux chrétiens semblent rencontrer des difficultés à expérimenter pleinement ces promesses. Il est important de souligner que la Bible affirme que Dieu ne peut pas mentir et Il demeure fidèle à sa Parole.

Deutéronome 7 : 9 Sache donc que c'est l'Eternel, ton Dieu, qui est Dieu. Ce Dieu fidèle garde son alliance et sa miséricorde jusqu'à la millième génération envers ceux qui l'aiment et qui observent ses commandements.

Nombres 23 : 19 Dieu n'est point un homme pour mentir, Ni fils d'un homme pour se repentir. Ce qu'il a dit, ne le fera-t-il pas ? Ce qu'il a déclaré, ne l'exécutera-t-il pas ?

Romains 10 : 17 La foi vient de ce qu'on entend et ce qu'on entend vient de la Parole de Dieu.

Pourquoi alors nous n'arrivons pas tous à récupérer ces promesses dans nos vies. Il existe plusieurs raisons à cela qui seront débattus dans le dernier chapitre de ce livre. Cependant, j'aimerais dédier un chapitre entier, le suivant, sur la raison principale. Nous comprendrons que la promesse ne nous est pas automatiquement parvenue une fois qu'on la réclame. Elle doit être d'abord validée par une ou plusieurs conditions tantôt évidentes tantôt cachées.

Faisons une pause et nous nous reverrons dans le chapitre suivant.

Romains 10 : 17 La foi vient de ce qu'on entend et ce qu'on entend vient de la Parole de Dieu.

Chapitre 3

La plupart des promesses de Dieu sont conditionnelles.

Jean 14 : 15 Si vous m'aimez, gardez mes commandements.

La plupart des promesses de Dieu sont conditionnelles.

Nous avons examiné précédemment l'origine de la foi, en soulignant la nécessité d'une parole de Dieu pour susciter l'espérance et, par conséquent, la foi chez l'homme. La foi n'est pas simplement la conviction que Dieu nous donnera ce que nous lui demandons, mais plutôt le moyen de faire passer ce qu'il a déjà accompli pour nous dans les lieux célestes dans le monde physique, basé sur une promesse. Maintenant, explorons les caractéristiques des promesses de Dieu. Avons-nous automatiquement droit à toutes les promesses de Dieu ? Certaines promesses sont-elles réservées à certaines personnes ? Ou y a-t-il des conditions à remplir pour recevoir les promesses de Dieu ? C'est ce que nous allons examiner dans ce chapitre.

Pour illustrer les concepts abordés dans ce chapitre, prenons un exemple concret de la vie quotidienne, comme nous l'avons fait dans les chapitres précédents. Imaginons que je m'adresse à mon fils de 12 ans pour l'encourager à s'investir davantage dans ses études. Je lui dis ainsi : « *À la fin de l'année, si tu obtiens une moyenne de 8,50 sur 10, je t'achèterai une bicyclette neuve* ». Supposons que je sois une personne fidèle, sincère et honnête, et que je tiendrai ma promesse quoi qu'il en soit et quoi que cela puisse me coûter. Avançons maintenant jusqu'à la fin de l'année. Imaginons que mon fils ait obtenu une moyenne de 8,00 sur 10. La question cruciale à se poser est la suivante : Mon fils a-t-il droit à la promesse que je lui ai faite ? Nous sommes tous d'accord que non. Même s'il avait une moyenne de 8,49, nous convenons également qu'il n'a pas droit à la bicyclette neuve. Je pourrais éventuellement la lui offrir parce que c'est mon fils, que je l'aime et qu'il a fait beaucoup d'efforts, mais légalement, il n'y a pas droit.

Tout comme dans la Bible, il est crucial de comprendre que la grande majorité des promesses de Dieu envers ses enfants sont conditionnelles. Lorsque nous examinons la Parole de Dieu, la première étape consiste à déterminer si une promesse est assortie d'une condition, d'un état ou d'un principe. Par exemple, dans le contexte du combat spirituel, certaines personnes peuvent lire un psaume sans réaliser que la promesse qu'il contient exige que la personne soit innocente de la situation pour laquelle elle réclame justice. D'autres peuvent être justes et remplir la condition, mais elles ignorent peut-être les principes et les schémas de réclamation, ce qui les empêche de faire passer la promesse du monde spirituel au monde physique. L'une des principales sources de difficultés dans le domaine de la foi réside dans le non-respect des conditions. Certaines conditions sont explicitement énoncées au début du verset et commencent par un « si ». Bien que cela soit clair, les gens ont souvent tendance à négliger le « si ». Parfois, le « si » peut être dissimulé dans un verset antérieur ou ultérieur, voire dans d'autres chapitres. En fin de compte, le « si » peut également être remplacé par d'autres termes tels que « ainsi », « donc », « par conséquent », etc. Il est crucial de toujours vérifier si une promesse est assortie d'une condition.

Jean 14 : 15 Si vous m'aimez, gardez mes commandements.

Parfois, la condition d'une promesse est très subtile, ne comportant ni les termes évidents tels que « si », « donc », « par conséquent » ou « ainsi ». Il est nécessaire d'étudier attentivement le verset ainsi que les chapitres précédents et/ou suivants pour comprendre finalement la condition liée à la promesse. Aucune promesse de Dieu ne peut être concrétisée dans le monde physique sans avoir préalablement rempli la condition qui y est attachée. Il est essentiel de discerner ces conditions même si elles ne sont pas explicitement formulées, car elles peuvent être déterminantes pour voir la manifestation d'une promesse dans nos vies.

Examinons ensemble quelques versets tout en mettant en lumière les conditions qui y sont attachées.

- ***Jean 15 : 7** Si vous demeurez en moi, et que mes paroles demeurent en vous, demandez ce que vous voudrez, et il vous sera accordé._
  En effet, ce verset souligne clairement que pour obtenir ce que l'on demande, il est nécessaire de demeurer dans la Parole de Dieu, et réciproquement, que cette parole demeure également en nous. Il met en évidence une double condition à remplir. Il est crucial de comprendre cette double condition et ce que signifie réellement "demeurer". Demeurer dans la Parole implique d'y entrer et d'y rester de manière constante. Ainsi, si l'on conserve la Parole aujourd'hui et la rejette demain, si l'on applique la Parole dans certains aspects de la vie et pas dans d'autres, ou si l'on reste dans la Parole pendant six mois de l'année et pas les six autres, alors on ne peut prétendre demeurer. Il est

Jean 14 : 15 Si vous m'aimez, gardez mes commandements.

donc important de ne pas s'attendre à recevoir toutes les demandes si l'on ne demeure pas dans la Parole, et par conséquent, si la Parole ne demeure pas en nous.

- ***Psaume 34 : 7** L'ange de l'Eternel campe autour de CEUX QUI LE CRAIGNENT, et Il les arrache aux dangers.*
Si nous analysons ce verset par rapport à celui mentionné précédemment, il n'est pas évident que la condition soit clairement mise en évidence. En raison de la nature humaine, la plupart des chrétiens interprètent le verset de la manière suivante :
  o L'ange de l'Eternel campe autour de ceux qui vont à l'église, et Il les arrache aux dangers.
  o L'ange de l'Eternel campe autour de ceux qui chantent pour Dieu, et Il les arrache aux dangers.
  o L'ange de l'Eternel campe autour de ceux élèvent les mains, et Il les arrache aux dangers.
  o L'ange de l'Eternel campe autour de ceux qui se disent chrétiens et qui prient, et Il les arrache aux dangers.

En prenant du recul pour examiner le verset avec discernement, il devient évident qu'il renferme une condition au cœur même de son message. Cette condition, c'est la crainte de Dieu (la partie en lettres capitales). Afin que l'Ange de l'Éternel campe autour de vous et vous délivre des dangers qui vous menacent, vous devriez posséder ce qu'on appelle la crainte de Dieu. C'est cette crainte de l'Éternel qui garantit cette protection. En faisant tout ce qui est en votre pouvoir pour cultiver et accroître la crainte de Dieu, vous pouvez être assuré que lorsque les dangers surviennent, subtils et inconnus, vous avez le droit de réclamer la protection de l'Ange de Dieu qui est déjà autour de vous.

- ***Psaume 34 : 19** Le malheur atteint souvent le JUSTE, mais l'Eternel l'en délivre de toujours.*
  Ce verset constitue un exemple caractéristique du précédent. La condition est inhérente au verset même, bien qu'il ne comporte pas explicitement de « si ». Afin que cette promesse se réalise dans votre vie, il est impératif de vous assurer que vous vivez dans la justice. Je suis persuadé que la plupart des chrétiens n'ont jamais envisagé cela de cette manière. Ils se contentent de répéter la promesse sans en comprendre véritablement le sens. Ils négligent de vérifier s'ils vivent dans la justice ou non. De toute évidence, la promesse ne peut pas s'accomplir dans leur vie. Pour réclamer la délivrance associée à ce verset, il est nécessaire de mener une vie conforme à la justice.

- ***Psaumes 23** L'Eternel est mon berger, je ne manquerai de rien...*
- ***Matthieu 6 : 9-13** Notre Père qui est aux cieux, que ton nom soit sanctifié...*
  Examinons attentivement ces deux passages largement connus et souvent récités par les chrétiens. Le **Psaume 23** est un magnifique cantique qui met en lumière plusieurs aspects bienveillants de notre Dieu. Nous y voyons la

compassion de Dieu, sa providence pour nos besoins, son repos et son renouvellement de nos forces. Il nous protège contre nos adversaires et demeure constamment à nos côtés. D'autre part, la prière du Notre Père nous offre la principale ligne directrice qui doit orienter nos prières, étant donné qu'elle sert de modèle. En tant que chrétiens, il est naturel de baser nos prières sur ce modèle et d'attendre que Dieu nous exauce, puisqu'Il a Lui-même fourni ce modèle dans sa Parole.

Cependant, nous négligeons souvent nos responsabilités tout au long de la prière. Par exemple, pour ne manquer de rien, il faut que l'Éternel soit notre berger. Avant d'affirmer que nous ne manquerons de rien, nous devons nous assurer d'être véritablement des brebis dans le troupeau de l'Éternel. Sommes-nous réellement des brebis ou plutôt des boucs ? Et même si nous sommes des brebis, sommes-nous authentiquement dans l'enclos de l'Éternel ? Afin de jouir pleinement de toutes les promesses de Dieu dans le **Psaume 23**, il est impératif d'être une brebis de l'Éternel. Je vous invite à prendre un moment pour réfléchir à cela avant de réciter ce psaume.

De manière similaire à la prière du Notre Père, il est souvent négligé ou peu pris en compte les deux premiers mots de cette prière. Elle débute par « Notre Père ». Avant de Le louer, de L'adorer et de Lui demander quoi que ce soit, il faut s'assurer que Dieu est votre Père. La prière nous montre qu'Il veut être adoré, loué et contacté par ses enfants. Ceux qu'Il veut nourrir, pardonner, garder du malin ce sont

Jean 14 : 15 Si vous m'aimez, gardez mes commandements.

ses enfants. Avant toute chose et avant d'espérer quoi que ce soit de cette prière assurez-vous de remplir la condition principale qui est de devenir enfant de Dieu. Poursuivant dans la prière du « Notre Père », nous remarquons la phrase : « Pardonne-nous nos offenses, comme nous pardonnons aussi à ceux qui nous ont offensés ». Tous les chrétiens aspirent à être pardonnés et demandent pardon à Dieu pour leurs fautes au quotidien. Cependant, nombreux sont ceux qui portent de la haine, de la rancune, et qui n'exercent pas le pardon envers leurs frères. Or, la condition même pour obtenir le pardon est de pardonner d'abord à notre prochain. Nous demandons à Dieu de nous pardonner dans la même mesure que nous pardonnons aux autres. Concluons avec la parabole du méchant serviteur :

> **Matthieu 18 : 23-35** C'est pourquoi, le royaume des cieux est semblable à un roi qui voulut faire rendre compte à ses serviteurs. Quand il se mit à compter, on lui en amena un qui devait dix mille talents. Comme il n'avait pas de quoi payer, son maître ordonna qu'il fût vendu, lui, sa femme, ses enfants, et tout ce qu'il avait, et que la dette fût acquittée. Le serviteur, se jetant à terre, se prosterna devant lui, et dit : Seigneur, aie patience envers moi, et je te paierai tout. Ému de compassion, le maître de ce serviteur le laissa aller, et lui remit la dette. Après qu'il fut sorti, ce serviteur rencontra un de ses compagnons qui lui devait cent deniers. Il le saisit et l'étranglait, en disant : Paie ce que tu me dois. Son compagnon, se jetant à terre, le suppliait, disant : Aie patience envers moi, et je te paierai. Mais l'autre ne voulut pas, et il alla le jeter en prison,

Jean 14 : 15 Si vous m'aimez, gardez mes commandements.

jusqu'à ce qu'il eût payé ce qu'il devait. Ses compagnons, ayant vu ce qui était arrivé, furent profondément attristés, et ils allèrent raconter à leur maître tout ce qui s'était passé. Alors le maître fit appeler ce serviteur, et lui dit : Méchant serviteur, je t'avais remis en entier ta dette, parce que tu m'en avais supplié ; ne devais-tu pas aussi avoir pitié de ton compagnon, comme j'ai eu pitié de toi ? Et son maître, irrité, le livra aux bourreaux, jusqu'à ce qu'il eût payé tout ce qu'il devait. C'est ainsi que mon Père céleste vous traitera, si chacun de vous ne pardonne à son frère de tout son cœur.

- ***Esaïe 54 : 17** Toute arme forgée contre toi sera sans effet ; et toute langue qui s'élèvera en justice contre toi, tu la condamneras. Tel est l'héritage des SERVITEURS DE L'ETERNEL, tel est le salut qui leur viendra de moi, Dit l'Eternel.*

Voici un verset très apprécié des chrétiens, souvent utilisé dans le combat spirituel. Il est probable que même vous, lecteur de ce livre, ne connaissiez peut-être pas la seconde partie du verset (tel est l'héritage des serviteurs de l'Eternel...). Habituellement, on se contente de répéter et déclarer la première partie, qui nous donne toute liberté pour réprimer, réprimander, chasser, condamner, et détruire toute arme et parole de malédiction prononcées contre nous. Cependant, la suite du verset est souvent négligée. C'est une promesse faite à ceux qui servent et obéissent au Dieu Tout-Puissant. Si nous menons une vie de péché, si nous ne

Jean 14 : 15 Si vous m'aimez, gardez mes commandements.

glorifions pas Dieu dans nos paroles, nos comportements, notre attitude, nos actions et nos pensées, nous pouvons déclarer ce verset autant de fois que nous le voulons, mais les paroles méchantes et les armes forgées contre nous dans le monde spirituel nous atteindront et produiront leur plein effet dans notre vie. Car pour que cette parole ait un quelconque effet dans le monde spirituel lorsque nous la déclarons, il faut que nous soyons serviteurs de l'Eternel. En d'autres termes, c'est une faveur accordée aux serviteurs de l'Eternel et non à n'importe qui.

- ***Matthieu 6 : 33** Cherchez d'abord le royaume de Dieu et sa justice, et toutes ces choses vont seront données par-dessus.*
Voici un autre verset que tous les chrétiens connaissent, mais qui est pratiquement rarement mis en pratique par la grande majorité. Il semble que plus de 90% des chrétiens ne se rendent pas à l'église pour rechercher le royaume de Dieu et sa justice. Souvent, notre focalisation est tellement centrée sur la recherche des biens terrestres et la résolution de nos problèmes immédiats. En observant la manière dont les chrétiens prient, on remarque facilement que pendant les 2 à 3 secondes où Dieu est élevé, toute la concentration se porte sur nous, notre maison, nos enfants, notre mariage, nos péchés, notre voiture, notre travail, notre protection, notre famille, nos projets, etc. Nous faisons exactement le contraire de ce que le verset suggère.

Nous sommes exaucés lorsque nos demandes s'alignent avec la volonté de Dieu. Par conséquent, notre préoccupation devrait être la volonté de Dieu plutôt que la nôtre. Lorsque nous nous agenouillons pour prier, nous devrions chercher que le royaume de Dieu se manifeste sur la terre. Nous devons prier pour le réveil spirituel, la conversion des âmes, la restauration de l'église, le retour du Christ, la diffusion de l'évangile, la bénédiction des pasteurs et leaders chrétiens, l'envoi d'ouvriers oints et ancrés dans la Parole, etc. C'est ainsi que nous recherchons le royaume de Dieu et sa justice dans nos prières.

En approfondissant le verset, nous constatons que deux verbes sont utilisés, "rechercher" et "donner". Le verbe "rechercher" est à la voie active, indiquant que nous devons être actifs et fournir des efforts pour la recherche du royaume de Dieu et de sa justice. D'un autre côté, le verbe "donner" est à la voie passive, indiquant que nous subirons l'action, que nous n'y participons pas directement. Une fois que le royaume et la justice de Dieu sont trouvés, de nombreuses autres choses nous seront données par-dessus. Je parie que la plupart des chrétiens ne savent même pas quelles sont ces choses qui leur seront données par-dessus. Si vous voulez le savoir, vous pouvez lire le passage suivant : **Matthieu 6 : 19-34.**

- ***Psaumes 37 : 4** Fais de l'Eternel tes délices, et Il te donnera ce que ton cœur désire.*

Jean 14 : 15 Si vous m'aimez, gardez mes commandements.

Un autre verset souvent aimé et cité par les chrétiens, cependant, à entendre nos paroles, il est évident que l'accent est mis sur la seconde partie du verset, qui affirme que Dieu nous donnera ce que notre cœur désire. Nous ne réalisons pas toujours qu'il y a un travail colossal à faire en amont pour obtenir de Dieu ce que nos cœurs désirent. En dépit de notre nature charnelle, il est essentiel que Dieu devienne notre délice. Il ne s'agit pas simplement d'un simple désir de cœur, mais plutôt de quelque chose de puissant, de vif et de fort. Dieu doit d'abord devenir l'objet de notre affection intime, notre relation avec Lui doit être fondée sur l'amour et doit croître chaque jour. Dans la Bible, en relation avec les promesses de Dieu, nous constatons que l'homme a toujours un rôle à jouer, et ce rôle doit être joué en premier. Voyons quelques versets bibliques justifiant cela :

Jacques 4 : 8 Approchez-vous de Dieu, et il s'approchera de vous. Nettoyez vos mains, pécheurs ; purifiez vos cœurs, hommes irrésolus.

Luc 6 : 38 Donnez, et il vous sera donné : on versera dans votre sein une bonne mesure, serrée, secouée et qui déborde ; car on vous mesurera avec la mesure dont vous vous serez servis.

Actes 16 : 31 Paul et Silas répondirent : Crois au Seigneur Jésus, et tu seras sauvé, toi et ta famille.

Jean 14 : 15 Si vous m'aimez, gardez mes commandements.

1 Pierre 5 : 6 Humiliez-vous donc sous la puissante main de Dieu, afin qu'il vous élève au temps convenable.

Matthieu 11 : 28 Venez à moi, vous tous qui êtes fatigués et chargés, et je vous donnerai du repos.

- ***Romains 8 : 28*** *Nous savons, du reste, que toutes choses concourent au bien de CEUX QUI AIMENT DIEU, de ceux qui sont appelés selon son dessein.*
Dans ce verset, il n'est pas dit que toutes choses concourent au bien de ceux qui vont à l'église, qui chantent pour Dieu ou qui élèvent leurs mains vers le Tout-Puissant en disant "béni soit l'Eternel". La condition pour que toutes choses concourent automatiquement pour notre bien est que nous aimions l'Eternel. Et ceux qui aiment Dieu, gardent ses commandements, comme il est dit dans **Jean 14 : 15**. Si notre vie désobéit à la Parole de Dieu, nous ne devrions pas non plus nous attendre à ce que tout ce qui nous arrive contribue automatiquement à notre bien. Dieu ne peut mentir.

- ***Ephésiens 2 : 8*** *Car c'est par la grâce que vous êtes sauvés, PAR LE MOYEN DE LA FOI. Et cela ne vient pas de vous, c'est le don de Dieu.*
Voici un verset qui suscite beaucoup de réflexions. Beaucoup de chrétiens et de non-croyants ne le comprennent pas entièrement. Ils croient à tort que la grâce viendra automatiquement les sauver, alors qu'il n'en est rien.

Jean 14 : 15 Si vous m'aimez, gardez mes commandements.

Ce n'est pas la grâce qui sauve, tout comme ce n'est pas le sacrifice en soi qui sauve, ou encore ce n'est pas le nom de Jésus en soi qui produit le miracle. Si vous lisez toute la Bible, vous constaterez qu'il n'en est rien. Le nom de Jésus, le sacrifice de Jésus et la grâce sont tous les trois les mêmes pour tout le monde. Il n'y a pas de différence, tout le monde a le même droit et le même privilège.

Par exemple, deux chrétiens peuvent poser chacun leurs mains sur un malade, prier pour celui-ci au nom de Jésus, et l'un voit son malade guérit tandis que l'autre non. Pourquoi une telle différence ? La raison de cette différence se trouve en lettres capitales dans le verset que nous étudions. Et nous comprenons maintenant que c'est la foi dans le nom de Jésus qui fait que le miracle peut s'opérer. C'est la foi dans le nom de Jésus qui chasse les démons. Dans des rêves, certaines personnes crient le nom de Jésus mais n'obtiennent aucun résultat, alors que pour d'autres, le simple fait de dire Jésus suffit pour les délivrer de l'oppression.

Revenons à notre verset, nous avons dit que la grâce est la même pour tout le monde. Ce qui sauve, c'est la foi dans le sacrifice de Jésus. C'est ce qui est dit dans le verset. Nous sommes sauvés par grâce, mais par quel moyen ? Par le moyen de la foi. C'est-à-dire que nous devrions faire l'effort de comprendre le sacrifice de Jésus, de croire en ce sacrifice et d'y placer notre foi. Il y a donc une action de notre part, une condition à remplir, c'est celle d'exercer notre foi. Et là seulement, nous pouvons être sauvés. La grâce est là, et elle attend que tous les hommes y placent leur foi pour le salut.

Ce chapitre peut sembler étendu, mais j'ai jugé nécessaire de le développer en détail et de passer en revue certains versets ou certaines promesses très utilisés par les chrétiens, mais que beaucoup ne comprennent pas et utilisent incorrectement. Je ne prétends pas avoir tout analysé, mais l'idée était de vous fournir des pistes pour bien lire les versets, les comprendre et en tirer le maximum. Nous avons vu que le temps utilisé dans les phrases est très important. Il ne faut jamais réclamer une promesse sans vraiment la comprendre, sinon, nous risquons de perdre du temps.

L'enseignement est crucial dans l'église, un aspect souvent négligé dans notre époque contemporaine. Les chrétiens viennent pour chanter et prier, mais lorsque l'enseignement est proposé, peu de personnes sont présentes. Pourtant, pour bien chanter et prier, il est nécessaire d'être bien enseigné. Il est indéniable que l'absence d'enseignement est une triste réalité dans de nombreuses églises actuelles. Les chants peuvent avoir une mélodie parfaite et une harmonie impeccable, mais si les paroles ne sont pas bibliques, ils ne seront pas agréables à Dieu et auront peu d'impact sur nos vies. De même, en examinant les demandes formulées dans les prières, nous constatons souvent un déficit d'enseignement dans l'église d'aujourd'hui.

Cela me déchire le cœur quand on fait à l'assemblée répéter des fables. Une des plus courantes est de mettre la main dans la poche ou dans les sacs dans l'espoir d'attirer financièrement la prospérité.

Jean 14 : 15 Si vous m'aimez, gardez mes commandements.

Chers chrétiens, je croix qu'il est grand temps d'arrêter avec ces comportements superficiels et de revenir à la Parole de Dieu. Pour obtenir des ressources financières [et autres] répondant à nos besoins, la Parole de Dieu énonce clairement les conditions à respecter. Je vous propose donc quelques versets clés à ce sujet.

Luc 6 : 38 Donnez, et il vous sera donné : on versera dans votre sein une bonne mesure, serrée, secouée et qui déborde ; car on vous mesurera avec la mesure dont vous vous serez servis.

Proverbes 19 : 17 Celui qui a pitié du pauvre prête à l'Eternel, Qui lui rendra selon son œuvre.

Proverbes 11 : 25 L'âme bienfaisante sera rassasiée, Et celui qui arrose sera lui-même arrosé.

Proverbes 27 : 28 Celui qui donne au pauvre n'éprouve pas la disette, Mais celui qui ferme les yeux est chargé de malédictions.

2 Corinthiens 9 : 7-9 Que chacun donne comme il l'a résolu en son cœur, sans tristesse ni contrainte ; car Dieu aime celui qui donne avec joie. Et Dieu peut vous combler de toutes sortes de grâces, afin que, possédant toujours en toutes choses de quoi satisfaire à tous vos besoins, vous ayez encore en abondance pour toute bonne œuvre, selon qu'il est écrit : Il a fait

Jean 14 : 15 Si vous m'aimez, gardez mes commandements.

> des largesses, il a donné aux indigents ; Sa justice
> subsiste à jamais.

La Parole de Dieu a toujours été explicite en ce qui concerne la prospérité financière. Le principe fondamental a toujours été celui de la générosité. Si nous ne soutenons pas les personnes dans le besoin, les œuvres ministérielles, les pasteurs et autres leaders chrétiens, ainsi que les œuvres caritatives, nous ne remplissons pas la condition préalable nécessaire pour réclamer les promesses de prospérité. En d'autres termes, nous n'avons pas semé pour pouvoir récolter ultérieurement. Pourquoi Dieu nous accorderait-il une promotion dans notre travail si cela ne sert qu'à satisfaire nos besoins égoïstes ? Comment notre salaire contribue-t-il à l'avancement du Royaume de Dieu ? Si nous ne donnons pas, nous ne devrions pas non plus réclamer.

Il est observé qu'en Haïti, les chansons de Delly Benson sont très populaires et appréciées par les chrétiens locaux. La raison en est évidente : elles mettent en avant les bénédictions promises par Dieu. Bien que la mélodie et l'harmonie soient généralement appréciées, il existe une réserve personnelle concernant les paroles, même si elles sont tirées de la Bible. Prenons par exemple la célèbre chanson "Mwen se yon chanpyon". Les paroles sont certes tirées du **Deutéronome 28**, mais elles sont incomplètes. Seule une partie du message a été chantée, en particulier celle qui plaît à notre nature charnelle, et c'est probablement la raison de son immense succès, même auprès des non-chrétiens.

Jean 14 : 15 Si vous m'aimez, gardez mes commandements.

En réalité, le chapitre commence par ces mots : "*Si tu obéis à la voix de l'Éternel, ton Dieu, en observant et en mettant en pratique tous ses commandements que je te prescris aujourd'hui...*". La chanson semble ignorer cette partie, bien que cela soit précisément ce qui initie le chapitre et constitue la condition préalable pour être béni dans les champs et les villes, pour être la tête et non la queue, etc. Vous ne vous demandez pas pourquoi tant de chrétiens ont chanté cette chanson, même à l'église, sans voir de changement dans leur vie ? C'est précisément parce que la condition n'a pas été remplie. En fait, nulle part dans la Bible il n'est question de rechercher les bénédictions de Dieu. Il nous suffit d'obéir à la parole de Dieu, et alors Dieu s'assurera que les bénédictions nous poursuivent et se manifestent dans nos vies, comme le dit **Deutéronome 28 : 8**.

En conclusion, je vais vous partager deux autres principes qui contribueront à renforcer votre foi et voir plus de promesses de Dieu accomplir dans votre vie.

1. Réclamez les promesses qui touchent le cœur de Dieu et qui contribuent à l'avancement de son royaume. Par exemple, lorsque vous intercédez pour autrui, vous constaterez que vos prières ont un impact plus significatif que si vous priiez uniquement pour vos propres besoins, car Dieu souhaite que nous nous préoccupions davantage des intérêts des autres que des nôtres.

2. En plus de remplir la condition, il peut y avoir des principes à respecter à l'intérieur d'un verset. Cela signifie que même si la condition est satisfaite, le principe doit également être observé. Prenons un exemple : **Marc 16 : 17-18** déclare :

Jean 14 : 15 Si vous m'aimez, gardez mes commandements.

"*Voici les signes qui accompagneront ceux qui auront cru ; en mon nom … ; ils imposeront les mains aux malades et les malades seront guéris*." La condition pour que cela fonctionne est que les personnes croient. Cependant, il y a également un principe à suivre, à savoir l'imposition des mains lors de la prière pour les malades. Sans l'application de ce principe, les résultats seront limités.

Retenons !

-   La réalisation de la plupart des promesses divines dépend de conditions spécifiques. Pour les concrétiser dans notre vie, nous devons préalablement satisfaire aux exigences correspondantes.

-   Il est impératif de remplir la condition préalable bien avant que la promesse ne soit réalisée. Réclamer la promesse en espérant remplir la condition par la suite est une approche vouée à l'échec.

-   Si nous croyons en la promesse, croyons également en les conditions qui la valident.

-   Parfois, la condition dans le verset est évidente, tandis que d'autres fois, elle peut être subtile et cachée. Il arrive parfois qu'il faille la rechercher dans des versets ou chapitres précédents ou suivants.

Jean 14 : 15 Si vous m'aimez, gardez mes commandements.

-   En plus de la condition, certaines promesses impliquent un principe à appliquer avant de voir leur réalisation.

-   Il peut arriver qu'une promesse nécessite deux conditions à remplir pour devenir disponible pour vous.

-   Il est essentiel de lire attentivement et de bien comprendre une promesse avant de la réclamer. Souvenez-vous que certaines promesses exigent que vous soyez innocents dans la situation pour pouvoir les réclamer.

-   Les promesses liées au Royaume de Dieu ont une probabilité plus élevée de se réaliser que celles qui satisfont nos désirs égoïstes.

-   Il est important de noter que toutes les promesses bibliques ne sont pas destinées aux chrétiens. Certaines ont été spécifiquement faites à des personnes pour un but précis. Cela ne signifie cependant pas que Dieu ne peut pas rendre ces textes vivants pour nous communiquer quelque chose.

Jean 14 : 15 Si vous m'aimez, gardez mes commandements.

Chapitre 4

La foi se démontre par un acte volontaire et réfléchi.

Jacques 2 : 26 Comme le corps sans âme est mort, de même la foi sans les œuvres est morte.

La foi se démontre par un acte volontaire et réfléchi.

Dans le dernier chapitre, nous avons exploré le concept selon lequel la plupart des promesses de Dieu sont conditionnelles, nécessitant une compréhension approfondie des versets pour identifier et remplir les conditions requises. Cependant, de nombreux chrétiens contemporains ont adopté un dicton qui pourrait les empêcher de réussir, celui de déclarer que "*C'est la volonté de Dieu*" pour tout échec ou événement dans leur vie (ils se basent sur la vie de Job). Cette croyance erronée suggère que tout ce qui survient est simplement dicté par la volonté divine, et que notre rôle se limite à croire passivement dans les promesses sans jouer un rôle actif aux côtés de Dieu dans son plan parfait. Nous devons examiner de plus près si cette perspective est vraiment conforme à l'enseignement biblique et si nous sommes appelés à être des collaborateurs actifs dans le plan divin.

Tout de suite après la création de l'homme, il est évident que Dieu a choisi de se reposer et de confier les soins du jardin d'Éden à Adam et Ève, leur accordant ainsi l'autorité et la responsabilité. Les Écritures dépeignent clairement que Dieu, après avoir créé l'homme, a décidé de ne plus œuvrer seul. Un exemple concret en est que Dieu a délégué à Adam le pouvoir de nommer tous les animaux qu'Il avait créés.

Genèse 2 : 19 L'Eternel Dieu forma de la terre tous les animaux des champs et tous les oiseaux du ciel, et il les fit venir vers l'homme, pour voir comment il les appellerait, et

Jacques 2 : 26 Comme le corps sans âme est mort, de même la foi sans les œuvres est morte.

afin que tout être vivant portât le nom que lui donnerait
l'homme.

Adam et Ève avaient même la responsabilité de remplir toute la terre de leur descendance et de la transformer en un paradis semblable au jardin d'Éden. En réalité, ils ne pouvaient pas accomplir cette tâche seuls, mais avec l'aide de Dieu, ils étaient assurés de réussir. Ainsi, depuis le début, Dieu a toujours cherché à collaborer avec nous. Si nous n'entrons pas dans cette collaboration, la volonté de Dieu sur la terre ne peut être pleinement réalisée. Nous sommes ses représentants sur terre. Étant donné que Dieu est esprit et agit dans le monde spirituel, ses ambassadeurs agissent dans le monde physique. Par conséquent, ce que Dieu veut et réalise dans le monde céleste se concrétise dans le monde spirituel par l'intermédiaire de ses représentants, accomplissant ainsi sa volonté dans le monde naturel. Examinons de plus près quelques versets qui illustrent que nous sommes des collaborateurs avec Dieu sur terre.

Jean 5 : 17 Mais Jésus leur répondit : Mon Père agit jusqu'à
présent ; moi aussi, j'agis.

Jésus était le collaborateur parfait de Dieu. Il n'a jamais entrepris quelque chose qu'il n'ait vu son Père faire, comme il l'a déclaré lui-même dans **Jean 5 : 19**. De même, en tant qu'enfants de Dieu, nous devrions être guidés par l'Esprit de Dieu et simplement faire ce que nous voyons Dieu faire. En d'autres termes, nous devrions collaborer avec Dieu pour aligner parfaitement le monde physique sur le spirituel. **1 Corinthiens 3 : 9** souligne cette idée de manière claire, notamment dans la version Bible en français courant.

Jacques 2 : 26 Comme le corps sans âme est mort, de même la foi sans les œuvres est morte.

1 Corinthiens 3 : 9 Car nous sommes des collaborateurs
de Dieu et vous êtes le champ de Dieu. Vous êtes aussi
l'édifice de Dieu.

Nous sommes collaborateurs avec Dieu, et tant que nous ne prenons pas notre rôle au sérieux, le plan de Dieu pour la terre ne s'accomplira pas. À maintes reprises, la Bible nous rappelle que Dieu recherche des cœurs disposés, des vases prêts à recevoir son Esprit pour accomplir son dessein sur la terre. Un exemple frappant est l'affirmation concernant David, déclaré comme un homme selon le cœur de Dieu. Examinons ce verset ensemble.

Actes 13 : 22 Puis, l'ayant rejeté, il leur suscita pour roi
David, auquel il a rendu ce témoignage : J'ai trouvé David,
fils d'Isaï, homme selon mon cœur, qui accomplira toutes
mes volontés.

Bon nombre de commentateurs expliquent que David était un homme qui aimait louer Dieu, qui a écrit de nombreux Psaumes, et qui a chanté les merveilles de l'Éternel. Ils avancent que c'est pourquoi Dieu l'aurait considéré comme un homme selon son cœur. Cependant, je crois fermement que la réponse est directement dans le verset lui-même. La fin de ce dernier déclare : "...*qui accomplira toute ma volonté.*" Il est évident que Dieu apprécie l'obéissance, le fait de se soumettre à sa volonté, de poursuivre son dessein sur la terre, ou encore de collaborer avec Lui pour que ce qui se fait au ciel soit manifesté dans le monde physique.

Jacques 2 : 26 Comme le corps sans âme est mort, de même la foi sans les œuvres est morte.

Par exemple, si un non-croyant ou quelqu'un qui n'est pas familier avec la Bible entend les prières des chrétiens contemporains, il pourrait penser que Dieu descendra personnellement du ciel pour aider les pauvres, consoler ceux qui sont tristes, conseiller les personnes en confusion, vêtir les démunis, rendre visite aux prisonniers, etc. Bien sûr, Dieu peut intervenir, mais cela se fera toujours à travers des chrétiens. Une collaboration entre Dieu et les chrétiens est nécessaire pour que ces actions se produisent, et cela s'appelle la foi. Lorsque nous savons que Dieu veut quelque chose, nous agissons dans le monde physique pour le rendre réel. Par exemple, si nous ne posons pas les mains sur les malades, il sera de plus en plus difficile de voir des guérisons, car l'Écriture nous encourage à imposer les mains sur les malades pour les voir guérir.

En résumé, il n'y a pas de passage du monde spirituel au monde physique sans une action de notre part. Je suis fermement convaincu que nous pouvons avancer, retarder, voire annuler le plan de Dieu sur notre vie par nos actions. Même l'avènement du Christ est influencé par nos actions, du moins par notre obéissance aux commandements de Dieu.

> **2 Pierre 3 : 12** tandis que vous attendez et hâtez l'avènement du jour de Dieu, à cause duquel les cieux enflammés se dissoudront et les éléments embrasés se fondront !

Nous voyons ici que les chrétiens ont la capacité de hâter ou de retarder le retour de Jésus-Christ. Nous ne connaissons ni le jour ni l'heure mais nous pouvons le hâter si nous prêchons l'évangile

Jacques 2 : 26 Comme le corps sans âme est mort, de même la foi sans les œuvres est morte.

correctement comme au temps des Apôtres, car il faut que le nombre de gentils soit atteint.

Prenons un exemple concret de ma vie. Il était dans la volonté de Dieu que j'écrive ce livre. Ainsi, sa volonté était d'apporter des bénédictions à des milliers de jeunes, notamment haïtiens, en les aidant à comprendre la nature de la foi. Pour cela, Dieu a éveillé en moi le désir d'écrire ce livre, et dans le monde spirituel, Il a déjà pourvu à toutes les ressources nécessaires pour que ses pensées deviennent miennes, et que je puisse les transmettre à travers ce livre. La question est : avais-je le choix ? Bien sûr, j'avais le libre arbitre de choisir de ne pas écrire ce livre. Dans ce cas, les jeunes de mon époque auraient manqué cette connaissance, et Dieu aurait simplement cherché quelqu'un d'autre pour accomplir cette tâche. Ainsi, cet exemple souligne que la foi ne se limite pas à croire et à attendre passivement, mais plutôt à agir en conséquence, comme nous le révèle **Jacques 2 : 26.**

Prenons un deuxième exemple pour illustrer cela. La Bible enseigne que nous sommes des chrétiens, c'est-à-dire que nous sommes censés être semblables à Christ. Par conséquent, si j'ai la foi, cela signifie que je devrais marcher dans l'amour et la puissance, tout comme Christ a marché. Lorsque je me trouve confronté à une situation, en tant que chrétien, je devrais me poser la question de ce que Jésus ferait dans une telle situation. En examinant les Écritures, je peux discerner sa réaction, et il est de ma responsabilité de réagir de la même manière, même si cela implique des sacrifices considérables.

Jacques 2 : 26 Comme le corps sans âme est mort, de même la foi sans les œuvres est morte.

Considérons un dernier exemple lié à la sanctification. Il est observable aujourd'hui que de nombreux chrétiens s'épuisent en tentatives de se sanctifier. Comme vous le savez peut-être, plus on s'efforce de se sanctifier, plus on tombe, engendrant frustration et découragement. La mécompréhension réside dans le fait que la sanctification nous est accordée dans le ciel, le monde spirituel, au moment même où nous acceptons Jésus comme notre Sauveur et Maître. Nous sommes sauvés, justifiés et déclarés saints devant Dieu dans le monde spirituel. Ainsi, sachant que nous sommes saints, notre responsabilité est de vivre ici-bas conformément à notre position céleste, alignant ainsi la réalité terrestre sur celle du ciel.

Nos propres efforts ne suffiront pas à obtenir la sanctification ; elle ne peut être saisie que par la foi. Peu importe le nombre de chutes, maintenir notre foi en tant que saints permet à la sanctification de descendre du ciel vers la terre, et nous marcherons automatiquement dans la sanctification sans effort. Personne ne peut se glorifier de sa marche dans la sainteté, car elle lui a été donnée d'en haut. Toutefois, il est crucial de comprendre que nous avons toujours un rôle à jouer pour que les promesses de Dieu deviennent réalité dans notre vie. Nous ne pouvons pas simplement rester passifs et croire ; une action de notre part est nécessaire. L'essentiel est que cette action doit être alignée avec la promesse.

Revenons à notre célèbre verset, **Hébreux 11 : 1**, qui déclare : "... *c'est une démonstration de celles (choses) qu'on ne voit pas.*" Que signifie exactement "démonstration" ? C'est un terme dérivé du verbe "démontrer". Prenons l'exemple de mon ami qui m'avait promis 1'000 dollars américains. Bien que je n'aie pas encore reçu les 1'000

Jacques 2 : 26 Comme le corps sans âme est mort, de même la foi sans les œuvres est morte.

dollars pendant qu'il était en train de parler, j'étais quand même convaincu intérieurement que cet argent m'appartient déjà. Comment puis-je prouver que je ne suis plus dans le besoin ? Je transforme ma tristesse en joie, je contacte mes créanciers pour leur annoncer que je vais bientôt rembourser mes dettes, je dresse une liste des choses que je souhaite acheter, et si j'ai même une petite somme en réserve, je peux commencer à l'utiliser dès maintenant. Pourquoi tous ces changements ? Parce que je suis déjà en possession des 1'000 dollars américains et que je ne suis plus dans le besoin.

Examinons de plus près **Marc 11 : 24** pour mieux saisir pleinement l'importance d'un acte de foi en vue de la manifestation de la promesse.

> **Marc 11 : 24** C'est pourquoi je vous dis : tout ce que vous demanderez (futur) en priant, croyez que vous l'avez reçu (passé), et vous le verrez (futur) s'accomplir.

Avant même de formuler une prière pour une chose, il est crucial de reconnaître que nous possédons déjà cette chose pour laquelle nous prions. En d'autres termes, c'est en possédant déjà la chose (même si elle n'est pas encore tangible) que nous la verrons se concrétiser dans notre vie. Maintenant, comment pouvons-nous démontrer que cette chose nous appartient déjà ? Cela se fait à travers des actions qui témoignent de notre assurance. Rappelons-nous que la chose nous appartient réellement et nous la possédons effectivement. Elle est tout simplement dans le domaine spirituel. Je prie pour que chacun de nous médite sur ce verset et demande à Dieu de nous révéler pleinement les trésors cachés dans ce passage biblique. Cela

Jacques 2 : 26 Comme le corps sans âme est mort, de même la foi sans les œuvres est morte.

a le potentiel de révolutionner nos vies. La véritable croyance en l'existence de Dieu va au-delà des paroles ; elle se manifeste dans l'acceptation de sa Parole et sa mise en pratique. La foi nécessite toujours des actions tangibles pour être valide. En l'absence d'actions, la foi demeure sans effet.

> **Jacques 2 : 26** Comme le corps sans âme est mort, de même la foi sans les œuvres est morte.

Voyons quelques exemples ensemble dans la vie concrète :

- Un chrétien qui sollicite un voyage à l'étranger auprès de son Père et qui a une foi authentique en l'exaucement de sa demande ne se contente pas d'attendre une prophétie. Il prend l'initiative de se procurer un passeport par exemple, faire la demande de visa et de préparer ses bagages pour le voyage agissant ainsi en accord avec sa conviction intime selon laquelle son voyage est imminent.

- Une personne demandant la guérison à Dieu doit adopter le comportement d'une personne déjà guérie. Elle peut le confirmer verbalement et exprimer continuellement sa gratitude envers Dieu pour le miracle, même si la douleur physique persiste.

- Celui qui se considère comme sauvé doit conformer sa vie aux enseignements de la Parole de Dieu. La marche d'un croyant reflète sa foi en action.

- Un chrétien, dans l'attente joyeuse du retour du Seigneur Jésus, ne demeure pas passif mais œuvre ardemment

Jacques 2 : 26 Comme le corps sans âme est mort, de même la foi sans les œuvres est morte.

chaque jour pour se présenter devant le Seigneur avec une conscience claire lors de Son avènement.

- L'amour d'un chrétien envers autrui doit se manifester par des actions concrètes et non seulement au travers de la bouche.

1 Jean 3 : 18 Petits enfants, n'aimons pas en parole et avec la langue, mais en actions et avec vérité.

Pour conclure ce chapitre, je tiens à souligner une chose importante. En tant qu'êtres humains, nous sommes souvent tentés de nous guider par nos cinq sens. Notre nature charnelle a tendance à s'opposer à la volonté de Dieu. Nous avons l'habitude de croire ce que nous voyons, alors que dans le domaine spirituel, c'est exactement l'inverse. Nous devons croire d'abord, puis nous verrons. Mais comment peut-on croire avoir reçu quelque chose si nous ne l'avons pas encore reçu concrètement ? Croire que nous avons reçu une chose signifie simplement que nous l'avons reçue. Et si nous l'avons reçue, nous vivrons en accord avec cette réalité, n'est-ce pas ? Par exemple, si je prie pour obtenir un emploi et que je crois avoir déjà reçu cet emploi, je vais alors préparer mon CV et les autres documents nécessaires pour postuler. Je vais remercier Dieu pour cela et me préparer mentalement à mon nouvel emploi. C'est exactement ce que signifie avoir la foi : agir en accord avec ce en quoi nous croyons.

Je souhaite partager une expérience qui a renforcé ma foi en Dieu, et j'espère qu'elle vous inspirera également. À l'époque, mon fils avait

Jacques 2 : 26 Comme le corps sans âme est mort, de même la foi sans les œuvres est morte.

deux ans. Un jour, il a soudainement cessé de manger. Peu importe ce que nous lui proposions, il refusait de prendre quoi que ce soit. Il semblait complètement perdre la capacité de manger, incapable d'avaler quoi que ce soit. Cette situation a persisté pendant sept jours, malgré notre visite à l'hôpital. Rien ne semblait s'améliorer. Puis, une matinée, la femme de ménage m'a raconté un songe qu'elle avait fait. En résumé, elle m'a décrit un rêve où je lui disais qu'une main serrait la gorge de mon fils, expliquant ainsi son refus de manger. Bien que j'aie reçu cette révélation, j'ai continué à prier Dieu pour la guérison de mon fils, espérant qu'Il interviendrait. Cependant, rien ne semblait changer. Puis, un matin, entre le sommeil et l'éveil, j'ai entendu une voix me dire : "*Je t'ai déjà donné l'autorité, alors pourquoi te plains-tu encore ?*" C'est à ce moment-là que j'ai pris conscience que j'avais le pouvoir d'agir sur la situation. Le lendemain, j'ai décidé de prendre autorité sur l'esprit responsable du problème et de le chasser. Et dès le lendemain, mon fils a recommencé à manger. Cette expérience m'a enseigné que pour que les promesses de Dieu se réalisent, il faut agir en collaboration avec Lui. Je savais que j'avais l'autorité, mais je devais la mettre en pratique pour voir des résultats concrets.

Il est essentiel de persévérer dans notre foi, c'est-à-dire dans nos actions de foi. Un exemple éloquent est celui de la femme face au juge inique, dont Jésus nous parle. Cette femme n'a jamais cessé de le solliciter, car elle connaissait ses droits. Elle n'a pas abandonné jusqu'à obtenir justice. Nous devrions adopter cette même attitude. Si nos actions ne semblent pas aboutir immédiatement, nous devrions persévérer avec la même détermination. Par exemple, si

Jacques 2 : 26 Comme le corps sans âme est mort, de même la foi sans les œuvres est morte.

l'esprit ne relâchait pas sa prise sur la gorge de mon enfant, je continuerais à lui donner des ordres avec fermeté. Il est important de clarifier la signification de ce passage biblique. Beaucoup de chrétiens pensent que le juge inique représente Dieu, alors qu'en réalité, il fait référence au diable. Un juge inique n'est en aucun cas une image de notre Père aimant. Jésus nous enseigne simplement comment traiter avec le diable. Il nous montre que celui-ci est obstiné et cherche à opprimer les enfants de Dieu. Cependant, Jésus nous exhorte à le solliciter sans relâche jusqu'à ce qu'il cède. Nous devons le déranger jusqu'à ce qu'il abandonne ses prétentions.

> **Luc 18 : 1-8** Jésus leur dit une parabole pour montrer qu'ils devaient toujours prier, sans se décourager. Il dit : « Il y avait dans une ville un juge qui ne craignait pas Dieu et qui n'avait d'égards pour personne. Il y avait aussi dans cette ville une veuve qui venait lui dire : 'Rends-moi justice contre ma partie adverse.' Pendant longtemps il refusa. Mais ensuite il se dit : 'Même si je ne crains pas Dieu et n'ai d'égards pour personne, puisque cette veuve me fatigue, je vais lui rendre justice afin qu'elle ne vienne pas sans cesse me déranger.' » Le Seigneur ajouta : « Ecoutez ce que dit le juge injuste. 7 Et Dieu ne fera-t-il pas justice à ceux qu'il a choisis et qui crient à lui jour et nuit ? Les fera-t-il attendre ? Je vous le dis, il leur fera rapidement justice. Mais, quand le Fils de l'homme viendra, trouvera-t-il la foi sur la terre ? »

Jacques 2 : 26 Comme le corps sans âme est mort, de même la foi sans les œuvres est morte.

En conclusion, il est important de souligner que la foi peut également nous amener à s'abstenir de certaines actions, c'est-à-dire à adopter une attitude d'inaction. Par exemple, la Bible nous enseigne que nous sommes morts au péché. Si nous croyons vraiment que nous sommes morts au péché, alors nous ne pécherons plus. Cette prise de conscience de notre identité spirituelle transforme fondamentalement notre façon de vivre sur terre. Tout est une question de manifester le Royaume de Dieu sur terre, d'appliquer les principes spirituels dans notre vie terrestre. Par exemple, si nous sommes conscients que nous sommes revêtus de robes blanches, nous n'allons pas nous asseoir par terre de peur de les salir. De même, nous sommes lavés, purifiés et revêtus de robes blanches éclatantes dans le monde spirituel, et nous devrions donc nous comporter comme des personnes lavées, purifiées et revêtues de cette pureté éclatante.

Retenons :

- La foi biblique n'est pas de l'attentisme ni de la passivité. C'est de préférence de l'activité basée sur la Parole de Dieu et guidée par le Saint-Esprit.

- La foi est une collaboration avec le Saint-Esprit pour faire manifester le spirituel dans le naturel.

- La foi biblique requiert un acte concret.

- Dieu œuvre par nous sur la terre. Si on ne décide pas de faire notre part du travail, le produit sera nul (0*100=0).

Jacques 2 : 26 Comme le corps sans âme est mort, de même la foi sans les œuvres est morte.

- La foi suit le mouvement de Dieu.

- La foi ne demande pas seulement, elle reçoit.

- La foi croit puis reçoit.

- La foi met en pratique la Parole de Dieu.

Jacques 2 : 26 Comme le corps sans âme est mort, de même la foi sans les œuvres est morte.

Chapitre 5

Les facteurs paralysant la foi.

Matthieu 13 : 58 Et il ne fit pas beaucoup de miracles dans ce lieu à cause de leur incrédulité.

Les facteurs paralysant la foi.

Dans les chapitres précédents, nous avons examiné divers aspects de la foi. À présent, nous allons aborder certains éléments susceptibles d'influencer notre foi et de la rendre inefficace.

Incrédulité

L'incrédulité constitue le premier et le plus grand facteur susceptible d'anéantir complètement notre foi, nous privant ainsi des bénédictions promises par Dieu dans nos vies. Lorsque je mentionne l'incrédulité, je ne fais pas seulement référence à la foi en Jésus, mais à la foi en chaque parole ou promesse de Dieu à notre égard. Il est essentiel de se rappeler que Dieu est Parole ; et qu'en fait Il ne fait que parler. Souvent, nous demandons à Dieu d'agir d'une certaine manière, mais il est crucial de comprendre que Dieu agit principalement à travers la Parole, sa Parole. Le centenier romain avait saisi ce principe en demandant à Jésus de simplement prononcer une parole pour guérir son serviteur, ce que Jésus fit. Dieu créa toutes choses par Sa Parole, comme le souligne le livre de la Genèse. Ainsi, celui qui refuse de croire en la Parole de Dieu ne peut prétendre à aucune manifestation divine. C'est pourquoi Dieu ne fait que bénir (bien dire) et maudire (mal dire). Il n'a pas à lever son petit doigt comme on a l'habitude de le dire.

> **Matthieu 8 : 8** Le centenier répondit : Seigneur, je ne suis pas digne que tu entres sous mon toit ; mais dis seulement un mot, et mon serviteur sera guéri.

Matthieu 13 : 58 Et il ne fit pas beaucoup de miracles dans ce lieu à cause de leur incrédulité.

Jean 1 : 3 : Toutes choses ont été faites par elle (la Parole),
et rien de ce qui a été fait n'a été fait sans elle.

Osée 4 : 6 : Mon peuple est détruit, parce qu'il lui manque
la connaissance (la Parole). Puisque tu as rejeté la
connaissance, Je te rejetterai, et tu seras dépouillé de mon
sacerdoce ; Puisque tu as oublié la loi de ton Dieu,
J'oublierai aussi tes enfants.

Citons **Romains 10 : 17**, qui souligne que la foi émane de la Parole de Dieu. Rejeter ou douter de cette Parole revient en réalité à repousser la foi, qui sert de pont entre l'invisible et le visible. Prenons l'exemple de mon ami qui m'a promis et a directement versé 1'000 dollars américains sur mon compte. Si, pour une raison ou une autre, je ne crois pas du tout que le virement a été effectué, aurais-je la foi nécessaire pour me rendre à la banque et réclamer l'argent ? Non, car je n'ai aucune confiance en mon ami pour tenir une telle promesse. Ainsi, bien que l'argent soit bel et bien là, je ne pourrais pas bénéficier de cette promesse, laissant l'argent inutilisé sur mon compte. Cette situation reflète précisément ce qui se produit en cas d'incrédulité. Les promesses et bénédictions de Dieu sont là, à notre disposition, mais lorsque nous refusons de croire qu'elles nous appartiennent vraiment, nous ne pouvons pas en profiter. Le salut est offert gratuitement à tous, mais ceux qui refusent de croire en cette grâce périront sans Christ, même si la vie éternelle leur est offerte.

Je tiens à préciser que l'incrédulité ne signifie pas nécessairement une absence totale de foi dans les promesses de Dieu. Il est possible

Matthieu 13 : 58 Et il ne fit pas beaucoup de miracles dans ce lieu à cause de leur incrédulité.

qu'une personne ait confiance en la guérison divine tout en étant très incrédule en ce qui concerne les aspects financiers. Cette personne peut profiter des promesses de guérison et de bonne santé, mais elle reste financièrement précaire toute sa vie, car elle doute de la capacité de Dieu à rendre quelqu'un riche. Ainsi, l'incrédulité peut se manifester dans des domaines spécifiques de la vie, empêchant la manifestation des promesses divines.

La solution à l'incrédulité réside dans l'approche de la Parole de Dieu avec une foi simple, telle celle d'un enfant, en croyant simplement ce qui est écrit. Il est également essentiel de demander à Dieu le don de la foi, car la foi est un don de Dieu. Un verset pertinent à cet égard est dans le livre des Ephésiens écrits par l'Apôtre Paul dans le chapitre 2 et le verset 8 (car c'est par la grâce que vous êtes sauvés, par le moyen de la foi. Et cela ne vient pas de vous, c'est le don de Dieu.). En cultivant une confiance simple en la Parole de Dieu et en sollicitant le don de la foi, nous pouvons surmonter l'incrédulité et expérimenter la réalisation des promesses divines dans tous les aspects de notre vie.

Marc 6 : 5 Il (Jésus) ne put faire là aucun miracle, si ce n'est qu'il imposa les mains à quelques malades et les guérit.

Doute

Effectivement, le doute se distingue de l'incrédulité, étant plus proche de la foi mais sans atteindre la perfection de celle-ci. Alors que l'incrédulité représente l'absence totale de foi, le doute peut retarder

Matthieu 13 : 58 Et il ne fit pas beaucoup de miracles dans ce lieu à cause de leur incrédulité.

la manifestation des promesses divines tout en conservant un élément de foi.

Pour illustrer cela, prenons l'exemple concret d'un dépôt de 1'000 dollars américains sur mon compte, annoncé par mon ami. Si j'ai une foi totale en ses paroles, je me rends immédiatement à la banque pour récupérer l'argent. En revanche, si je suis incrédule, je n'y vais pas du tout, refusant de croire en ce que mon oncle a affirmé. En cas de doute, la situation diffère : je pourrais chercher des moyens de confirmation, tels que demander à mon ami de m'envoyer la fiche de dépôt par WhatsApp, vérifier en ligne le dépôt sur mon compte, ou contacter la banque pour confirmation. L'hésitation, les vérifications et les incertitudes pourraient considérablement ralentir le processus, retardant ma visite à la banque d'une semaine voire d'un mois, alors que j'avais besoin de l'argent immédiatement.

Ainsi, le doute a le pouvoir de retarder la réalisation des promesses divines dans nos vies. L'ennemi exploite volontiers cette situation, car si le doute persiste et s'intensifie, il peut éventuellement conduire à l'incrédulité, anéantissant ainsi le travail en cours. La peur et l'inquiétude ont des effets similaires au doute dans ce contexte.

Effectivement, le remède contre le doute réside dans la prise de décision de rester ferme et de croire en la promesse de Dieu, quoi qu'il en coûte. Une approche pratique consiste à se plonger dans la Bible et à revoir tous les versets concernant la promesse attendue. La prière et le jeûne se révèlent également être des clés efficaces pour maintenir une ferme conviction dans la foi. En se nourrissant des vérités bibliques et en renforçant la connexion spirituelle par la

Matthieu 13 : 58 Et il ne fit pas beaucoup de miracles dans ce lieu à cause de leur incrédulité.

prière et le jeûne, on renforce sa confiance en la fidélité de Dieu, dissipant ainsi les doutes qui pourraient entraver la manifestation des promesses divines.

> **Matthieu 14 : 28-30** Pierre lui répondit : Seigneur, si c'est toi, ordonne que j'aille vers toi sur les eaux. Et il dit : Viens ! Pierre sortit de la barque, et marcha sur les eaux, pour aller vers Jésus. Mais, voyant que le vent était fort, il eut peur ; et, comme il commençait à enfoncer, il s'écria : Seigneur, sauve-moi !

Opposition démoniaque

Le livre de Daniel illustre clairement une situation d'opposition démoniaque visant à contrecarrer la foi du serviteur de Dieu, Daniel. Parfois, lorsque nous prions pour quelque chose, Dieu, dans son amour infini, libère la promesse, car il est un Dieu d'abondance. Cependant, puisque Dieu agit dans le monde spirituel en tant qu'Esprit, son intervention se produit au 3ème ciel. La réalisation de cette promesse doit ensuite traverser les sphères spirituelles pour parvenir jusqu'à nous.

Les esprits maléfiques dans les lieux célestes peuvent retarder la manifestation de la provision divine, voire la capturer ou l'annuler, surtout si le croyant cesse de persévérer dans la foi en attendant la réalisation de la promesse. Il semble que les anges nécessitent notre foi et nos prières pour continuer à combattre jusqu'à ce que la chose demandée soit apportée et libérée par Dieu.

Matthieu 13 : 58 Et il ne fit pas beaucoup de miracles dans ce lieu à cause de leur incrédulité.

Il est également plausible de croire que plus la demande du croyant contribue au Royaume de Dieu, plus l'opposition démoniaque sera forte. Cette observation s'aligne avec l'idée que les personnes élevées par Dieu ont souvent connu des défis et des épreuves dans leurs vies. Un exemple marquant est celui de Jésus, dont l'adversaire, Satan, a tenté de l'éliminer dès sa naissance pour contrecarrer l'avènement du Messie dans le monde, comme relaté dans les évangiles.

En effet, le remède contre les oppositions démoniaques réside dans la persévérance dans la prière. La déclaration de la Parole de Dieu, en accord avec notre situation, se révèle également être une puissante arme, éliminant toutes les barrières qui pourraient se dresser entre le croyant et sa promesse. C'est précisément ce qu'a fait Daniel : il a persévéré dans le jeûne et la prière face à une opposition démoniaque.

Lorsque des situations semblent insurmontables, nous pouvons, sous la direction du Saint-Esprit, entrer dans un moment de jeûne et de prière afin de faire déplacer les montagnes qui se dressent devant nous. Cette démarche renforce notre connexion spirituelle, accroît notre dépendance envers Dieu, et fortifie notre foi pour surmonter les obstacles et voir la manifestation des promesses divines dans nos vies.

> **Daniel 10 : 12-13** Il me dit : Daniel, ne crains rien ; car dès le premier jour où tu as eu à cœur de comprendre, et de t'humilier devant ton Dieu, tes paroles ont été entendues, et c'est à cause de tes paroles que je viens. Le chef du

Matthieu 13 : 58 Et il ne fit pas beaucoup de miracles dans ce lieu à cause de leur incrédulité.

royaume de Perse m'a résisté vingt et un jours ; mais voici,
Micaël, l'un des principaux chefs, est venu à mon secours,
et je suis demeuré là auprès des rois de Perse.

Attente/Impatience

Il est tout à fait vrai que toutes les promesses de Dieu ne se matérialisent pas instantanément, et la Bible témoigne que notre Dieu est souvent un Dieu de processus, même s'Il peut accomplir des choses de manière instantanée. Il semble que lorsqu'une chose est libérée dans le monde spirituel, elle met un certain temps à se manifester dans le monde physique. Un exemple notable est le sacrifice de Christ, qui a été effectué dès la fondation du monde dans l'invisible, mais qui s'est concrétisé dans le monde physique après des milliers d'années.

> **1 Pierre 1 : 18-20** Sachant que ce n'est pas par des choses périssables, par de l'argent ou de l'or, que vous avez été rachetés de la vaine manière de vivre que vous avez héritée de vos pères, mais par le sang précieux de Christ, comme d'un agneau sans défaut et sans tache, prédestiné avant la fondation du monde, et manifesté à la fin des temps, à cause de vous,

Il est important de noter que bien que Dieu ait averti Adam qu'il mourrait le jour où il mangerait du fruit défendu, Adam a vécu plus de 900 ans avant que la mort physique ne le touche. De même, les réponses aux prières varient en termes de délai. Certaines personnes expérimentent une guérison instantanée, tandis que

Matthieu 13 : 58 Et il ne fit pas beaucoup de miracles dans ce lieu à cause de leur incrédulité.

d'autres peuvent attendre plusieurs jours, voire des semaines, pour voir la manifestation de la guérison dans leur corps.

Pendant cette période d'attente, maintenir la foi est crucial. Louer, glorifier et remercier Dieu pour la promesse, même avant de la voir, est une démarche puissante. La Bible nous enseigne que nous devons posséder la chose déjà avant même de la voir concrètement. C'est ce qu'Abraham a fait : il a reçu la promesse à l'âge d'environ 40 ans et a vu sa réalisation vers l'âge de 100 ans. Sa persévérance dans la foi était remarquable. Il glorifiait Dieu pendant tout ce temps, sachant que Dieu est fidèle. Abraham avait déjà possédé Isaac dans son cœur bien avant de le voir concrétisé.

> **Marc 11 : 24** C'est pourquoi je vous dis : Tout ce que vous demanderez en priant, croyez que vous l'avez reçu, et vous le verrez s'accomplir.

> **Romain 4 : 20** Il (Abraham) ne douta point, par incrédulité, au sujet de la promesse de Dieu ; mais il fut fortifié par la foi, donnant gloire à Dieu,

Les sens naturels/l'âme/la chair

Voici un des ennemis les plus redoutables du chrétien. À la suite de la chute de l'homme, son esprit devient mort et assujetti à l'âme, qui englobe les émotions, sentiments, intelligence et volonté. En conséquence, nous avons appris à vivre en accord avec l'âme. Toutefois, la Parole de Dieu nous enseigne que Dieu est esprit, et ceux qui l'adorent doivent le faire en esprit et en vérité (**Jean 4 : 24**). Marcher par l'esprit signifie mettre de côté l'influence de l'âme, croire

Matthieu 13 : 58 Et il ne fit pas beaucoup de miracles dans ce lieu à cause de leur incrédulité.

en ce que Dieu dit, et voir inévitablement la Parole de Dieu se manifester dans nos vies.

Il est crucial de comprendre que la foi n'est pas déterminée par nos ressentis. Si nous détournons nos yeux de Dieu ou de sa promesse pour nous concentrer sur la chair, nous ne pourrons pas voir la manifestation de cette promesse. C'est précisément la situation que Pierre a vécue lorsqu'il marchait sur l'eau sur l'ordre de Jésus. Lorsqu'il a commencé à regarder les vagues et à prêter attention à ses propres capacités au lieu de rester concentré sur la parole de Jésus, il a commencé à s'enfoncer. Cela souligne l'importance de maintenir notre regard fixé sur la vérité de la Parole de Dieu, indépendamment des circonstances ou des ressentis, pour voir la pleine manifestation de ses promesses dans nos vies.

Aussi longtemps qu'il maintenait son regard sur Jésus, Pierre marchait sur l'eau. Cependant, dès que son intellect (représenté par l'âme) entrait en jeu, il commençait à couler. Souvent, nous avons tendance à critiquer Pierre, mais je pense que de nos jours, nous pouvons tomber dans des erreurs similaires, voire pires que les siennes. Il arrive que des personnes pour lesquelles on a prié ne voient pas une guérison immédiate et se découragent, alors que la guérison était imminente. Bien que la guérison ait été délivrée dans le domaine spirituel, la persistance de la douleur dans leur corps les pousse à conclure qu'ils ne sont pas guéris, entravant ainsi le processus de guérison. En se fiant à leur chair, elles continuent de croire à la présence de la maladie. Un chrétien ne devrait pas s'appuyer sur les perceptions sensorielles telles que la vue, le ressenti, l'ouïe, le toucher pour exercer sa foi. La foi authentique est

Matthieu 13 : 58 Et il ne fit pas beaucoup de miracles dans ce lieu à cause de leur incrédulité.

de nature spirituelle et se discerne dans l'esprit. Par conséquent, un chrétien doit se fonder sur la Parole de Dieu plutôt que sur les impressions sensorielles.

Le remède ultime contre la domination de l'âme a été réalisé par sa crucifixion à la croix, une œuvre entièrement accomplie. La clé réside dans la prise de conscience de cette vérité. J'aspire à un jour écrire un livre sur ce sujet. Il est essentiel pour un chrétien de comprendre comment séparer son âme de son esprit afin de contempler la gloire de Dieu dans sa vie. Vivre uniquement par l'âme est une entrave à la réalisation de la plénitude de la vie chrétienne. Pour échapper à cette influence, nous pouvons nous engager dans le jeûne et la prière, cherchant ainsi à diminuer l'emprise de la chair sur notre esprit.

Manque d'amour et de pardon

L'amour est essentiel pour alimenter la foi, jouant un rôle similaire à celui du carburant dans une voiture. Sans amour, notre foi se retrouve complètement paralysée, incapable de produire.

> **Galates 5 : 6** Car, En Jésus-Christ, ni la circoncision ni l'incirconcision n'a de valeur, mais la foi qui est agissante par la charité (amour).

Même si ce concept n'est pas explicitement formulé dans la Bible, nous pouvons observer que le pardon a le pouvoir de nous délivrer du fardeau de la haine. Quelqu'un qui nourrit de la haine envers son prochain ne peut pas pleinement manifester sa foi pour témoigner de la gloire de Dieu dans sa vie, car cela entrave sa capacité à prier et

Matthieu 13 : 58 Et il ne fit pas beaucoup de miracles dans ce lieu à cause de leur incrédulité.

à avoir confiance. Même dans le cadre d'un couple, les querelles incessantes peuvent constituer un obstacle à la prière commune, comme le souligne Pierre.

> 1 Pierre 3 : 7 Maris, montrez à votre tour de la sagesse dans vos rapports avec vos femmes, comme avec un sexe plus faible ; honorez-les, comme devant aussi hériter avec vous de la grâce de la vie. Qu'il en soit ainsi, afin que rien ne vienne faire obstacle à vos prières.

Effectivement, une famille qui manque d'unité peut avoir du mal à puiser dans la foi pour surmonter les défis auxquels elle est confrontée. Par exemple, si l'on considère la prière du Notre Père, nous demandons à Dieu de nous pardonner nos péchés de la même manière que nous pardonnons aux autres. En d'autres termes, notre incapacité à pardonner aux autres entraînera inévitablement un manque de pardon de la part de Dieu à notre égard, ce qui se traduira par une absence de réponse à nos prières et donc un manque de foi, car la foi marche toujours.

En conclusion, lorsque nous choisissons de marcher dans la haine, nous sommes soumis à la loi du péché et de la mort. Il est important de se rappeler que Satan et ses adeptes sont régis par cette même loi. En nous soumettant à cette loi, nous leur donnons légalement le pouvoir de nous entraver, nous opprimer, voire nous détruire. En revanche, en choisissant de vivre selon l'amour, une loi supérieure à celle du péché et de la mort, notre foi devient féconde et productive.

Le péché

Matthieu 13 : 58 Et il ne fit pas beaucoup de miracles dans ce lieu à cause de leur incrédulité.

L'arme ultime capable de neutraliser complètement la foi dans la vie d'un chrétien est la persistance dans une vie de péché. Je ne fais pas référence à des erreurs occasionnelles, bien que celles-ci puissent entraîner des conséquences graves, et je n'encourage en aucun cas à prendre plaisir dans le péché. Je parle plutôt de ceux qui persistent dans une vie caractérisée par le péché. Même si le péché a été expié à la Croix, Dieu attend de ses enfants qu'ils marchent dans la sainteté, car il est un Dieu saint.

1 Pierre 1 : 16 Selon qu'il est écrit : vous serez saints, car Je suis saint.

À chaque fois que nous sommes confrontés à la tentation du péché, nous devrions nous rappeler du premier acte qui a engendré toute la souffrance dans ce monde : le péché. Il peut causer des dommages considérables dans notre vie, tant sur le plan spirituel, émotionnel que physique. De plus, nous devons garder à l'esprit que les promesses de Dieu sont conditionnelles.

Matthieu 13 : 58 Et il ne fit pas beaucoup de miracles dans ce lieu à cause de leur incrédulité.

Matthieu 13 : 58 Et il ne fit pas beaucoup de miracles dans ce lieu à cause de leur incrédulité.

Chapitre 6

Conclusion

Une autre définition de la foi.

Conclusion

En guise de conclusion, je vous laisse avec cette définition de la foi qui, à mon humble avis, pourra vous aider dans votre marche chrétienne. Soyez pleinement bénis.

La foi chrétienne, permet de prendre conscience des bénédictions célestes en Christ et de les manifester dans le monde naturel en engageant des actions correspondantes, tout en observant les conditions spécifiques associées à chaque bénédiction.

Ephésiens 1 : 3 Béni soit Dieu, le Père de notre Seigneur Jésus-Christ, qui nous a bénis de toutes sortes de bénédictions spirituelles dans les lieux célestes en Christ !

Une autre définition de la foi.

Je prie pour vous…

       Père céleste, je te rends grâce et te bénis pour le don précieux de la foi que tu nous as accordés, une foi en toi, en Christ. Je suis reconnaissant pour les nombreuses révélations que tu as partagées avec moi, et pour l'inspiration que tu m'as donnée pour écrire ce livre destiné à édifier ton peuple, en particulier la jeunesse haïtienne. Je te prie maintenant d'ouvrir les yeux de leur cœur afin qu'ils puissent saisir toutes les richesses que renferme ce livre. Que tu donnes à chacun des lecteurs de nouvelles révélations, au-delà de celles contenues dans ces pages, pour qu'ils progressent dans leur foi et trouvent grâce à tes yeux, car ta Parole enseigne que sans la foi, il est impossible de te plaire. Bénis-les, Seigneur, et accorde-leur une soif insatiable de ta Parole. Qu'ils développent un appétit constant pour ta présence, afin qu'ils soient affermis et qu'ils édifient leur vie sur le fondement solide de ta Vérité inébranlable, Christ. Merci pour ta faveur et ton soutien, et je te remercie d'avance pour l'exaucement de cette prière. Au nom de Jésus, je fais cette requête. Amen.

Une autre définition de la foi.

Faites cette prière pour vous-même...

Père céleste, je te suis reconnaissant pour l'opportunité de plonger dans les pages de ce livre. Merci pour les précieuses connaissances et les révélations que tu as partagées avec moi au cours de cette lecture. Je te prie maintenant de m'aider à intégrer ces enseignements dans ma vie quotidienne, à les comprendre pleinement et à les appliquer avec l'aide de ton Esprit Saint, afin que la grandeur de ton nom se manifeste à travers mes actions. Que ma foi devienne une force contagieuse, capable d'inspirer et d'encourager ceux qui m'entourent à marcher avec toi. Je te confie cette aspiration, sachant que tu es fidèle pour l'accomplir. Je te prie de... *Continuez votre prière sous la direction du Saint-Esprit.*

Au nom de Jésus, je reçois maintenant l'exaucement de cette prière. Amen !

Nouvellement né en 2020, Jean Carls DESSIN est un jeune chrétien passionné de la Parole de Dieu. Il est marié à Wilna Cadet, une servante du Dieu tout-puissant avec laquelle il a un enfant. Il est le fondateur et le directeur général de Jeunesse Haïtienne Eclairée (JHE) qui enseigne les chrétiens la Parole de Dieu et les équipe dans les dons de l'Esprit afin d'amener un réveil sur le territoire haïtien.

I want morebooks!

Buy your books fast and straightforward online - at one of world's fastest growing online book stores! Environmentally sound due to Print-on-Demand technologies.

Buy your books online at
www.morebooks.shop

Achetez vos livres en ligne, vite et bien, sur l'une des librairies en ligne les plus performantes au monde!
En protégeant nos ressources et notre environnement grâce à l'impression à la demande.

La librairie en ligne pour acheter plus vite
www.morebooks.shop

Printed by Books on Demand GmbH, Norderstedt / Germany